曾仕强详解道德经 德经

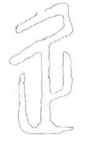

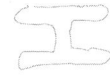

曾仕强 著

民主与建设出版社
·北京·

© 民主与建设出版社，2023

图书在版编目（CIP）数据

曾仕强详解道德经.德经／曾仕强著. -- 北京：民主与建设出版社，2016.7（2023.3重印）
ISBN 978-7-5139-1121-4

Ⅰ.①曾… Ⅱ.①曾… Ⅲ.①道家②《道德经》—通俗读物 Ⅳ.① B223.1-49

中国版本图书馆 CIP 数据核字（2016）第 121481 号

曾仕强详解道德经.德经
ZENGSHIQIANG XIANGJIE DAODEJING. DEJING

著　　者	曾仕强
责任编辑	顾客强
封面设计	后声 HOPESOUND Pankouyugu@163.com
出版发行	民主与建设出版社有限责任公司
电　　话	（010）59417747　59419778
社　　址	北京市海淀区西三环中路 10 号望海楼 E 座 7 层
邮　　编	100142
印　　刷	天津格美印务有限公司
版　　次	2016 年 7 月第 1 版
印　　次	2023 年 3 月第 3 次印刷
开　　本	710 毫米 × 1000 毫米　1/16
印　　张	15.5
字　　数	204 千字
书　　号	ISBN 978-7-5139-1121-4
定　　价	42.00 元

注：如有印、装质量问题，请与出版社联系。

目 录

第十六集	1
第十七集	13
第十八集	25
第十九集	37
第二十集	47
第二十一集	57
第二十二集	67
第二十三集	77
第二十四集	87
第二十五集	97
第二十六集	107

第二十七集	119
第二十八集	129
第二十九集	139
第三十集	151
第三十一集	165
第三十二集	177
第三十三集	187
第三十四集	197
第三十五集	209
第三十六集	221
第三十七集	233

曾仕强详解道德经：德经·第十六集

《道德经》从第三十八章开始，就进入了《德经》部分。老子说，"德分上德和下德"。当人们时刻警醒自己，不要失德之时，就已经沦为了下德之人。老子还说，"夫礼者，忠信之薄，而乱之首"。中国素称礼仪之邦，为什么老子却认为"礼"是"乱之首"？这些颠覆现代人思想的智慧名言当中，究竟包含着怎样的深意呢？

第十六集

我们已经讲过,《道德经》第一章,老子开宗明义告诉我们,**道可道非常道**。他说,道有两个层次,一个叫常道,一个叫非常道。道是整全的,是不能分割的,但是德不一样。

第三十八章,老子说:**上德不德,是以有德;下德不失德,是以无德**。道,分为常道和非常道;德,分成上德跟下德。那是不是道也可以分裂呢?不是的,常道跟非常道都是道,但是上德跟下德就不一样了。德是什么?德是离开道的第一步,所以它就开始分,道是全的,不可分,德是非分不可。所以上德下德,我们一定要把它分清楚。

真理跟公理,不是一般人可以分辨出来的。到今天为止,我们很难说,一个人能够把真理完全参透。古往今来,到现在还是这个样子。德,就更困难,这个人有孝德,那个人有忠德,那个人有勇德。每一个人好像只能凸显他的一部分。

因为第一章讲道,第三十八章讲德,所以我们才把《道德经》分成两部分,从第一章到第三十七章,叫作《道经》。弟三十八章到第八十一章叫作《德经》。这一次我们就是要把《德经》,一章一章地说清楚。

"上德不德",这句话从字面上来讲是,有上等德行的人,他是不在乎什么叫德行的。就是说,你如果心心念念说,我要表现我的德行,我不要让人家看出来我的品德修养不好,那你就一定不是上德。老子也不主张这些利害关系、得失观念在我们心中。他认为上德就是我无心,我顺着自然的样子去做,不在乎是

曾仕强详解道德经：德经

有德还是没有德，只是重视过程，而不重结果，因为结果是变来变去的。老子要我们顺应自然，凭良心，不执着于德，不总把德放在心上，这样的人才叫作有德。其实真正要做到上德，是非常困难的。如果能做到，那就算是得道高人了。

"下德"就是常常告诉自己，我不要失德，不要让人家看不起，不要让人家觉得我的修养不好，我的品德很差。在老子的眼中，这种人就是无德。因为你有心要表现自己，有心要告诉人家自己是个有德的人，这个动机是不纯正的。

现在很多人，买个东西也要表示他是有信仰的，表示他在修行。如果读完《道德经》第三十八章，你会觉得，好像是没有必要。其实一个人刚开始，不得不借助这些东西，慢慢地你会感觉到，既然是无为，既然是一切顺其自然，那要这些给谁看呢？所以自然慢慢就减少了。很多人，刚开始什么都不戴，后来戴了，一阵子后又不戴了。这就是我们常讲的：看山是山，再看山不是山，最后看山还是山。你会觉得，戴也一样，不戴也一样，根本无所谓，也不会去问人家，这个开过光没有，这个时候你就到了德。上德的人不在乎别人看自己有没有德，因为你不是做给别人看的，而是问心无愧而已。如果念念不忘仁义道德，那已经是失掉先天了，已经开始进入后天了。

> 上德的人不在乎别人看自己有没有德，因为你不是做给别人看的，而是问心无愧而已。
> ——《道德经》的智慧

老子接着又说："上德无为而无以为；下德无为而有以为。""无以为"是为"上德"，而"有以为"则为"下德"。那么，这"有无"之间，究竟蕴含着哪些玄机呢？

第十六集

老子怕我们还是搞不清楚，所以继续解释：**上德无为而无以为**。上德有德是因为它无为而无以为，它不违反自然，它没有"有"心，不故意要做出来好像自己有德性似的。无以为的"以"，就是有心，就是故意。我故意很有礼貌，表示我有修养；我很想要那个东西，但是我故意推辞；我很想当这个官，但是我故意说让别人来，他比我行。其实这些东西，在老子看来，都是不自然，不率性，都是做作。这种人我们不能说他不好，但是很可能是不好的，因为他内心的动机已经很不纯正。所以一个人，能够做到无为而无以为，能够做到做事没有任何心机，也没有任何权谋，根本不想自己要达到什么目的，不把品德修养当作手段，那这个人就真正具有高尚的品德，即上德。

下德无为而有以为。上德跟下德都是无为，但是上德是无以为，下德是有以为。我虽然没有违反自然规律，虽然还是凭良心，但是我已经开始有目的，开始有功利心，这就差一点儿了。

所以我们必须要分得很清楚，同样是无为，但是在过程中要考虑，我要给人家的观点将来会造成什么结果。在我们今天讲起，这是必然的，做任何事情都要想想后果，尤其是在现在这个时代，你不能不顾虑别人的看法。因为以前的人，相处的时间久，日久知人心。他知道你的推辞，不是以退为进，他知道你是真诚的，不是在假装。而现在没有人知道，大家反而都怀疑你又来耍手段，又来玩手腕了。

我们把《道德经》读通了，还要配合时代，然后做一个调整，其实也不用我们担心，因为你再往下看，就会知道，当年老子已经顾虑到了。

《道德经》第三十八章接着说："上仁为之而无以为，上义

曾仕强详解道德经：德经

为之而有以为，上礼为之而莫之应。"古往今来，社会上不仁、不义、非礼之事不胜枚举。那么，老子为什么却只谈"上仁、上义、上礼"，而对"下仁、下义、下礼"只字不提呢？

为什么只有上仁、上义、上礼，那下仁、下义、下礼跑到哪里去了？老子告诉我们，仁、义、礼这些东西，只有上仁是在上下德之间，还可以谈。如果到了下义、下礼，那根本就不必提了，所以他没有说，这是我们首先要明白的。

上仁为之而无以为。上仁跟上德有一部分一样，都是无以为。它没有用意，没有认真，也没有一定要达到什么目的。其实老子是非常了解孔子的，孔子为了有教无类，为了让广大的人都能够了解道理，他提出一个仁。因为他感觉有很多人，直接跟他们讲道，他们不一定听得懂，当然这是孔子的好意，所以他直接说，你能够有仁心，就很好了。仁心就是你不能有目的，不能有功利性，我们今天叫目的性。功利性太强，是不可以的。你是人，我也是人，我要用仁心对待你。我不仅对待人要有仁心，对待动物也要有仁心，这就叫作人性。

"为之"，是主张你要有为，因为很多人听到无为，就认为什么都不做，这又是误解。把上仁跟上德做比较，可以发现，两个都是无以为，但是上德是无为，上仁是为之。儒家主张你要大有为，道家主张你不要违反自然，这样你才可以有为，他加了个前提。其实如果从仁的角度来揭示的话，两家在这方面观念是一样的。

后来到了孟子的时期，天下实在太乱，大家几乎都不相信良心，几乎把孔子所讲的仁，当作是考试用的，当作是一种理想，所以孟子不得不挺身而出，说要义。义，其实老子当年已经看得

第十六集

很清楚，他说**上义为之而有以为**，已经没有办法无以为了。梁惠王一碰到孟子，第一句话就问："你不远千里而来，到底有什么可以帮助我们国家的？"到今天为止，有如"你这次来，有何贵干；你这次来，给我们带来什么好东西"，这都是目的性、功利性很强的，所以我们现在读这些的时候，真的要小心，我们现在连利、益都很普遍化了。

上礼为之而莫之应，则攘臂而扔之。礼有上礼和下礼，下礼是看见人家没有道理就骂。他没有道理，没有礼貌，你骂他，难道你就有礼貌了吗？照样没有。上礼比我现在所讲的这个，还要等级高一点儿，就是我对你有礼貌，但是你不知道怎么给我回应，我就要卷起袖子，把胳膊伸出来，说过来过来，你这成什么体统？你不知道要礼尚往来吗？你这样能叫作礼吗？用言语行动来教导他，我们叫作教化。

其实在儒家的观念来看，教化是很了不起的，一个人能负起教化的责任，就很了不起了。但是老子告诉我们，这些都是社会乱了，才需要的东西。所以下面谈一个小小的结论，我们可以做参考。

故失道而后德，失德而后仁，失仁而后义，失义而后礼。老子说我们人类的历史，有道的时候，根本没有什么仁、义、礼，也根本不需要。国家很平静的时候，也不需要爱国的义士，因为他们每个人都知道，这是自己的国土。乱世才要有忠臣，平静的时候，要那么多忠臣干什么。

老子不仅认为"仁、义、礼"，这些都是社会乱了才需要的东西，还强调："夫礼者，忠信之薄，而乱之首。"直指"礼"是整个社会的乱源。中国是礼仪之邦，而懂礼貌也是做人的基本

曾仕强详解道德经：德经

原则，但是，老子为什么却认为"礼"为乱之首呢？

老子说：**夫礼者，忠信之薄，而乱之首**。"忠信之薄"是说忠信都很薄弱了。"而乱之首"，是说整个社会的乱源，就从礼开始。从儒家的观点来看，会觉得老子的批评好像太苛刻了。其实我们把这句话解释完以后会有一段分析，大家会发现老子真的不是我们所想象的那样。老子只是在看历史演进的现象，因为他重视自然，自然现象是很重要的。历史有"道"的时候，没有仁、义、礼。不是仁、义、礼不存在，而是没有这个需要。用今天的话叫作没有市场，没有需求。

失了道，大家就讲德了。失了德，大家对良心不相信，那只好讲仁。仁就是将心比心，己所不欲，勿施于人，设身处地，站在对方的立场，好好想一想。可是这种人也越来越少，那只好讲义。义就是你做任何事情都要合理，不合理就不行。如果义也达不到，那只好讲礼。越演变，社会越乱，就表示人对人的忠诚已经没有了，人的信用已经越来越薄弱了。整个社会就是因为我们重视礼而开始混乱，这不是礼的罪过，而是人的罪过。我们不应以有礼貌为满足，而应该要提高层次到义，然后再提高层次到仁，一步一步向道提升，这才是老子真正的用意。

现在很多人说，只要有礼貌就好。面带笑容，讲话很客气，完全没有真心，这种人非常多。他们认为礼就够了，但礼上面还有个层次叫作义。义就是说，我该出手时要出手，我该帮忙时要帮忙，我该救

> 我们不应以有礼貌为满足，而应该要提高层次到义，然后再提高层次到仁，一步一步向道提升，这才是老子真正的用意。
> ——《道德经》的智慧

急时要救急。义，多少还是有心的，多少还是做给人家看的，多少还是需要人家表扬的。因此要提高到仁，仁是没有什么表扬不表扬的，只是做我应该做的。你们认为我做好事，那是你们的事，你们认为我没做好事，那也无所谓。反正我不在乎。这就是孔子当年讲的，古代做学问的人是为自己做的，现代做学问是为别人做的。孔子当时就有这样的感慨，我想我们应该要好好去反思：为什么我们会一代不如一代？道理是什么？就是因为我们受了外界太多的引诱，我们控制不了自己的内心。我想这才是《道德经》到今天，需要我们注意的课题。

身处纷繁复杂的现代社会中的我们，究竟该怎么做，才能逐步提高自己，最终到达"上德"的层次？老子又给予了我们哪些教诲呢？

老子说：**前识者，道之华，而愚之始**。知识的"识"在这里读zhì。他说那些自认为先知先觉，知人所未知，觉人所未觉的人，其实他们所看到的只是道的表面、道的末端，他们自己才是真正的受害者。因为他们只看到表面，只站在忠义最薄的那个地方，这就是愚昧的开始。

有人说，人类是越来越聪明，但是老子认为人类是越来越愚昧。当然，老子前面也有很长一段历史，这是他长期观察的结果。他没有像孔子一样说，你看尧舜禹汤多好。他一直不提那些人的名字，因为这是他的基本立场。

是以大丈夫处其厚，不居其薄。老子很少用大丈夫这三个字，在《道德经》五千言里面，就出现过这么一次。而且他讲的大丈夫，不是孟子后来所讲的大丈夫。孟子所讲的是充满浩然正

曾仕强详解道德经：德经

气、顶天立地的人物；老子所讲的是为人处事，处处遵道而行，自然有所得的人。大丈夫懂得要处在厚的地方，不要站在薄的地方。北方人最了解，冬天河面结冰的时候，看起来都是一样的，可是你站在冰薄的地方，一陷就陷进去了。所以一定要选冰厚的地方，你才站得稳。厚，就是看到道的本源，看到道的高层次。我们老讲，根基深厚，厚德载物。厚就是你会站得稳，会站得久，不会经常在那里摇摆不定。"不居其薄"，是说我不会站在社会的世俗面，一天到晚都在想自己能得到什么好处和功利。

处其实，不居其华。我们要站在道的根本，不要处于表面形式的花样。**故去彼取此**。所以老子也劝我们，要去掉那些很浮华的、很形式的、很表面的东西，真正拿到实实在在的、很敦厚、很笃实的道，然后就可以遵道而行。总有一天，你会提升自己到达一个高层次，变成大家很羡慕的得道高人。

> 道可以说是良心，我们说话凭良心，做事凭良心，很快就会回归本源。
> ——《道德经》的智慧

道可以说是良心，我们说话凭良心，做事凭良心，很快就会回归本源。这是很容易的事情，你自己百分之百可以控制。

这样大家就知道，为什么老子感慨说：我讲的话很简单，我说的这些都很容易做到，为什么大家做不到？看完第三十八章，我们应该有一点点感觉。

道如果是良心，那德是什么？德就是凭良心说话，凭良心做事，结果让你问心无愧，让你心安理得，最后求得好死。这是一个最简单的人生过程，而我们现在把道德丢掉了，说道德不能评量，算道德分数是不公平的。

那我们就开始讲仁，仁是什么？仁是彼此真诚相对，互相感应，将心比心，然后你我融为一体。

义是自我要求，我们不可以老要求别人，那是永远没有办法做到的。你怎么知道他合不合理？他是否合理，是他自己说了算的，因为他的处境你完全不了解。但是"义"往往让我们失去"仁"性，这是"义"最可怕的地方。我为了合理，有时候心不安，我觉得这样才合理，因为人家会这样来评估我，这时候仁心已经偏在一边了。

礼是经常要求对方，很少自我反省。礼尚往来，很多时候变成世俗的一种形式。你送人家一份礼，人家这个时候正好没钱，或者正好有别的事情，没有还礼，你就耿耿于怀，开始对他有恶意。我们常讲一句笑话，说你生日也好，生病住院也好，不会记得谁来送礼，但是常常会记得谁没来送礼，这就是人性。

我们读完三十八章以后，要求合理，要自我要求，然后最后进入良心，就是无私、无我、无为，这样我们就慢慢进入了道的层次。

> 仁是彼此真诚相对，互相感应，将心比心，然后你我融为一体。
> ——《道德经》的智慧

曾仕强详解道德经：德经·第十七集

中国历史上的君王，常以"孤""寡人""不谷"自称，但是"孤、寡、不谷"，却是一些最为低贱的称谓。那么，身份高贵的君王，为何要以贱名自称？这其中包含着怎样的玄机？《道德经》第三十九章中说："侯王得一以为天下正。"这个"一"在《道德经》中，又有哪些特殊的含义呢？

第十七集

我们中华民族的文字、语言，非常有趣，因为它弹性很大。比如一，是代表全部，还是代表一部分？全部是一，一部分还是一。如果我们从老子的思想来看，天地万物通通是道所生，但是道所生出来的万物，都只得到道的一部分。

我们可以说，一代表道，但是不能说一就是道。要了解这个，我们就必须要看三十九章讲的：**昔之得一者**。"昔"是自古以来，从往昔到现在，"得一"就是得道。前面已经讲过了，我们没有办法得到全部的道，因为道太大了。但是，你最起码得到道的一部分，那还是道，因为道是不可分割的。

一是一个数，所有的数都是从一开始。道是万物的祖宗，万物的本源，所以用一来比喻道，是非常合适的。自古以来，凡是得到道的，有它不同的表现，我们现在举六个例子来验证。

天得一以清，地得一以宁，神得一以灵，谷得一以盈，万物得一以生，侯王得一以为天下正。天，大家都看过，高高在上，整体一片，没有分的。天从来不会分，说这是北京的天，那是天津的天，那不可能。天是无所不覆的，它是一个整体，它很清明，就是因为它得道。万一哪一天它不清明了，很污浊了，空气品质不好了，那就有点儿失道。我们就应该反省，为什么天失道，因为这是人的责任。

> 天地万物通通是道所生，但是道所生出来的万物，都只得到道的一部分。
> ——《道德经》的智慧

曾仕强详解道德经：德经

地，所需要的是安宁，地不能一天到晚动，一动我们晚上睡觉就不安稳。宁就是安宁，地给我们一个很安宁的环境，也是因为它得道。如果哪一天地失了道，我们就真的倒霉了。天摇地动，我们也是经历过的。

"神得一以灵"，老子讲的这个神，跟西方人所讲的神，是不一样的。西方的神是有主宰性的，老子的神没有。他只是告诉你很神奇，让你有一种摸不着头脑的，但是很了不起的感觉。所以我们说神要灵，灵就是灵通的意思，你问它任何事情它都知道，它没有时间、空间的限制。所以当一个人的本事很大的时候，我们做不到的，他都做得到，我们就会说你真神啊。老子的神就有这么一个特性，而不是一尊神来主宰我们。"神灵"通的原因就是它得道了，神有的时候也不灵通，是因为它失掉道了。

"谷得一以盈"，"盈"从字面上看是盈满、充满，充满生机，可以长万物。"谷"是河川、平地、深谷，里面可以长很多东西，充满了无限的生机。

"万物得一以生"，万物所需要的是生存发展，它之所以能够生存发展的原因是得道，哪一天它失了道以后，就会死亡，就会停止发展。

侯王是指各种组织的领导。如果他们得道的话，就可以做万民的楷模。"为天下正"，就是为大众的人，我们来把他当作正当的模范。

天很清；地很安宁；神很灵通；河川、山谷充满了生机，可以长出很多东西来；万物能够生存发展；每个领导能够以身作则，大家都把他们当作模范，向他们学习。他们能够做到这些的原因都是得道。

从无到有的过渡，就叫一。因为万物都是从"无"来，"无"

第十七集

要变"有",第一步就是要出现一个"一",从一开始,然后才二三四五六,一直到无限。所以我们可以讲大一,也可以讲小一。大一是外面所显现出来的形体,小一是内部所蕴含的精神。

老子很喜欢讲守一、抱一、得一。这些都告诉我们,人不应该离开根本,而根本就是一。我们现在很喜欢讲零,但是不管你有多少个零,都是零;如果加上一个一,就完全不一样了。几百个零都还是"无",如果出现了一个"一",就开始"有"了。老子喜欢讲无跟有,他用一来代表从无到有之间的媒介,也就是"有"的开始。有的开始就是天道,所以一代表天道,是天生的。一切一切对照来讲,都是相对的,都是以一为根本的。我们读了三十九章这几句话之后,应该有个印象,老子用一来做道的比喻,但是千万记住,一不等于道,一可以代表道,这两个是有差别的。

老子用"一"来代表"道",认为天、地、神、谷、万物,乃至君王,无论是自然世界还是人类社会,唯有得道,才能按照自然的规律正常运行。但是如果天地万物没有"得一",将会出现怎样的情况呢?

老子接着说:**其致之**。"致"跟至于的"至"的意思一样,是指所导致的结果是怎么样的。**天无以清,将恐裂;地无以宁,将恐废;神无以灵,将恐歇;谷无以盈,将恐竭;万物无以生,将恐灭;侯王无以正,将恐蹶。**

"天无以清",就是天无"一"则不清的意思。天如果失道,就不清明了,不清明就恐怕会崩裂掉。当然我们现在很幸运,一直到现在,还没有发现天崩裂。那是很凄惨的,最好不要

曾仕强详解道德经：德经

发生比较好。

"地无以宁，将恐废"，地如果没有一，就不会安宁，就可能发生天灾地变。我们现在的很多土地，已经废了，既不能种，也不能住人。

"神无以灵，将恐歇"，神如果不灵通的话，就没有人理它，就衰亡了。

"谷无以盈，将恐竭"，如果山谷没有生机，就长不出东西来，也没有人要来。因为生存发展的所需之物，都用尽了。不晓得还要多少年，才能够恢复，甚至根本就恢复不过来。所以现在有很多地方，大家都不想去，因为去那里根本生存不了。

"万物无以生，将恐灭"，如果万物没有得到一，离道很远，就会停止生存发展，就会灭掉。现在很多物种，都一种一种灭掉了。

"侯王无以正，将恐蹶"，如果各式各样的领导人，自己不正，人家都不想跟他学习，不会把他当作楷模，那他所领导的这个组织，很可能就会颠覆。历来改朝换代就是这样，大家看得已经很多了。

老子从正面、反面，把这六个样本讲完以后，得出一个小小的结论：**故贵以贱为本，高以下为基**。他说我们一般人，老觉得贵是高高在上的，凡是被踩在底下的，都是很贱的。但是现在大家要明白，贵要贱做它的根本，如果底下的基础不牢固，上面的高楼，盖得越高越危险。

到底是上面重要，还是下面重要？下面是根本，上面是上层建筑物，地基不牢固，楼层盖得越高越不安全。现在很多高楼，说塌就塌，为什么？就是基础不稳固。所以以后不要把贵跟贱完全分开来看，它们是有连带关系的，贵以贱为本，高以下为基。

第十七集

高高在上的人，你要注意下面才是你的群众基础。**是以侯王自称孤、寡、不谷**，所以历朝历代那么了不起的君王，都用最低贱的名称称呼自己，叫作孤、叫作寡、叫作不谷。

历史上的帝王，常常自称"孤家"或"寡人"，很多人错以为，这种称呼代表着帝王是独一无二的。而其实，孤寡是最低贱的称呼，地位至高的帝王为何要自称低贱？而"不谷"又是什么意思呢？

"不谷"就是没有办法去生养万物。生养万物叫作谷，谁都养不起，就叫不谷。以前的帝王都自称孤、寡、不谷，这些名词是最低贱的，但是他的身份，却是最高贵的，这就证明了老子说的：**此非以贱为本邪**？意思是这不就是拿贱当作根本吗？

非乎？故至誉无誉。"至誉无誉"就是世界上最好的称誉。因为无论你给他什么称誉，都是有限的，而真正好的东西，是无法形容的。这只是一种比较表面的解释。深层的解释是说你没有得到好的称誉，还比较好过日子，一旦出了名，就很伤脑筋了。比如现在的公众人物，到处受检验，到处受批评，就是因为既然有称誉，那就有人要诽谤，这是必然的。当有人说你好的时候，一定有人要说你坏，誉接着就是谤。谤就是诽谤，随便给你造谣生事，说你这么坏那么坏，但它不一定是真的。现在网上到处可以看到，只要有人办了一件事情，马上就有人唱反调。

到底谁是真的谁是假的，其实谁都不知道。这样你就慢慢知道，时代越进步，我们越要回到老子那个时代，否则你就活不了。你天天上网去看，怎么这么多人批评我，那你就完蛋了。这就叫作有以为，有以为是很痛苦的。没有称誉，就没有人打击

曾仕强详解道德经：德经

你，没有人说你好，也就不会有人故意来抹黑你。所以有誉不如无誉，何苦要求人家给你赞誉呢？现在的人很奇怪，要求给我一些鼓励，给我一些掌声，其实最后倒霉的都是自己。

接着，老子给了我们一个做参考的结论：**是故不欲琭琭如玉，珞珞如石**。他说我们最好不要像美玉那样，让人家看起来觉得很喜欢、很珍贵；也不要像石头那样很坚硬，让人家很想保留起来。因为这样一来，就失去了道的根本。我们所需要的，其实是内在的谦虚与柔软。但是一般人的想法，刚好是相反的，这非常值得我们好好反省。

《道德经》第四十章很简短："反者道之动，弱者道之用。天下万物生于有，有生于无。"老子在前面已经说过，"道"是不可见不可说的，无所谓动或不动，这里为什么却说"反者道之动"？这个"反"代表着什么意思呢？

反者，道之动。道本来无所谓动或者不动，反或者不反。但是我们毕竟是人，人是有主观、有立场的。所以，我们现在是站在"人"的立场来做学问，而不是为学问而学问。中国人的学问都是为人生而学问，为人要生活，为人要生存发展，为人的赞天地之化育而来做学问，老子就站在"人"的立场来看自然。

我们都认为死就是生的反，但是有人会讲，生是死的反，会吗？大概不会吧？生就叫来，死就叫去，死、生是不同的空间。所以我们一般人不约而同的认知是，死就是生的反，祸是福的反，无是有的反。从生到死，从福到祸，从有到无，都是一个反字。

反，其实有三个意思：第一，返回，就是返回原点；第二，是发展到反面,任何事情发展到最后一定是到了反面;第三,相辅相成,比如车轮,上面是向前,下面是向后,向前向后是同时发生,同时作用的。

动就是运行,所以反者道之动。我们可以解释说,道的动变是自然循环,是返本归源,即一下子回到本源,然后又继续向外面发展,反复循环,周而复始,才能够做到生生不息。反者道之动,我们可以从现实面来看,人越来越老,东西越来越旧,事情越来越糟,这是事实。但是这还是我们很难去了解的东西,所以老子再加上另外一句话,叫作**弱者,道之用**。

老子告诉我们,一个人自处柔弱,是道的动变,这是最有效的运用。直的无法直接变成弯的。比如,钢铁直直的,怎么弯都弯不了,所以你要把它加热,让它变柔软,这样它就很容易按照你所需要的形状去弯曲。同理,一个人如果始终站在刚强那一面,不自处以柔弱,就无法循环往复。从道的作用来看,道没有自己,道是虚的,道是柔的,道是弱的,所以它才能够生万物,天地不自生,所以天地生万物,这就叫作弱者道之用。

> 一个人自处柔弱,是道的动变,这是最有效的运用。
> ——《道德经》的智慧

传说孔子曾经向老子问道,老子用坚硬的牙齿和柔软的舌头,向孔子示意了"道"的本质,也就是"柔弱胜刚强"。但是柔弱为什么能胜刚强呢?

一般人都喜欢刚强,但是老子特别告诉我们,要用柔弱试试看,你会更省力、更安全、更有效。就像水,它最柔弱,可是

曾仕强详解道德经：德经

你怎么割，都割不断，水要流就流，就算用再利的钢刃，都切不断。道之所以可贵，是因为它没有自己。没有自己就是没有万物所具备的自性。比如牛有牛性，牛就不能得到全部的道；人有人性，人就无法得到全部的道。所以人要放弃我执，意思是把所有执着的观念，全部都放弃。哪一天你做到没有自己，就会超越自己，就可以做出很多平常想象不到的事情，那就叫"神"。每个人都可以成神，只要你能够放弃你自己，可是这需要相当的修炼。

首先要厘清观念，现在大部分人都是观念不清楚的。身体就是臭皮囊，就是你的拖累，它会限制你，所以只要你活着，就不可能是神，就不可能是得道高人，近乎得道高人，已经很了不起了。

道，如果不运动的话，就不能生万物。因为不运动，就不会产生变化。不产生变化，保持原有的状态，就无法生生不息，无法生存发展。比如，一个女人，要是始终不怀孕，怎么能生小孩呢？所以道必须要运动，运动才能打破原来的状态，才会出现新的状况，产生新的生机，然后越变越不同，到了成熟的时候，就会产生各色各样的事物，我们称它为万物。

道再怎么动变，它的本质不会变，变化只是一种现象，而变化的规律是不变的，这叫本体。我们常讲说，原则不能变，但是方式可以变，就表示变跟不变是同时存在的。所以我们常讲一句话，以不变应万变。现象是万变，但是本体是永恒不变的，变到相当的程度，就会自然而然地回归原貌。比如女人怀孕，肚子越来越大，经过十月怀胎，把小孩子生下来，很快又恢复原貌。所以变到某一个程度，就会停止，会恢复原貌，这就叫反者道之动。如果人是很僵硬的，他就恢复不了，但如果他是有弹性的，就可伸可缩，所以弱者道之用。

我们再回想三十六章，曾经讲过柔弱胜刚强。天下事，往往会带出它的反面,所以老子讲了"反者道之动,弱者道之用"以后,就把它引到人道上面来,告诉我们:**天下万物生于"有",有生于"无"**。天下万物一生下来,就会生存发展,但是不要忘记,不管你是什么物,注定要死亡,终归要回归原点,终归要从"有"回到"无"。

这里面有很多值得我们去想的事情,天下万物是从哪里生出来的?从"无"生出来的,然后转一圈,最后复归于无。那到底是有重要,还是无重要?这个老子已经讲得很清楚了,我们不能说有重要,也不能说无重要,因为《道德经》第一章就告诉我们,有跟无是一样的,没有什么不同。有无看起来不同,但是实际上是相同的,有无相通,才叫作玄。玄就是让你想不通,想不通不是说那我不想好了,想不通才要继续想。等到有一天你想到死就是生,生就是死,那你就通过了生死关,就不再会怕死了,也不会随便去死。大家都可以慢慢地从自己做起,一步一步去明道,去实践,然后从实践当中更深一步去了解道的内容,然后提升自己。

曾仕强详解道德经：德经·第十八集

《道德经》第四十一章说，"上士、中士、下士"在"闻道"后，会有完全不同的反应，这个"士"指的是什么人？他们对"道"为什么会有不同的理解？《道德经》第四十二章的"道生一，一生二，二生三，三生万物"，是大家比较熟悉的，但是"道生万物"究竟该如何解释？我们又能从中悟到怎样的人生哲学呢？

第十八集

我们中华文化之所以能够源远流长、博大精深，就是靠着"士"字。"士"，就是以前所讲的读书人，现在叫作知识分子。其实，这两个是有区别的。以前我们说读书人，一定是说他懂得道理。不懂道理，是没有资格叫读书人的。现在的知识分子，只懂得技术，懂得专业，反而不懂得道理，所以说这是非常大的遗憾。"士"这个阶层的衰弱，是我们中华民族最令人担心的事情。

老子当年把士分成三等，叫作上士、中士、下士。这跟孔子把人分成三等，是一模一样的，叫作中人以上、中人、中人以下，也是三。因为《易经》告诉我们，数成以三，无三不成礼。分成上、中、下是由于道很深，不是一般人通通都能够了解的。当然你最后可能了解，但是刚开始时，却不能完全了解。因为如果人一生出来，就能把道弄清楚，那他很难生存。因为所有人都看他很奇怪，甚至认为他是异类，不正常。一个小孩生出来时不会说话，慢慢才会说话；很多事情都不懂，慢慢才会懂，这是非常好的安排。

上士闻道，他的反应是**勤而行之**，他不会去批评道。我们原来很喜欢讲"论道"，如果读了《道德经》，你就会觉得，原来这个已经不是上士了。上等智慧的人，听到道，是跟他的内心相通的，他会非常勤劳，不断地用实践来增强对道的感悟。他不但不会怀疑、不会评论，更不会到处讲给人家听。

中士闻道，若存若亡。中士就很喜欢评论：这是有道理的；

曾仕强详解道德经：德经

这个文字是怎么来的；这个以前是怎么说的；谁怎么说……扯了一大堆，就证明他似懂非懂。

下士闻道，大笑之。不笑，不足以为道。因为老子已经告诉我们了，"反者道之动"，道所显露出来的，往往和下士所想的刚好相反。这很有意思，大家一定觉得，为什么会这样，我们的答案就是根据老子所讲的来的，听起来也蛮可笑，就是"当然是这个样子"。道本来就这么玄。

老子认为，不同思想认知水平的人，对"道"的理解程度不同，因此"闻道"后的态度，也各有不同。那么，究竟如何才能增加对"道"的感悟，成为"上士"呢？

老子分析完这三种现象以后，告诉我们：**故建言有之。**"建言"就是古人的言论，从古到今所流传下来的那些言论，我们今天把它叫作成语、典故。从这句话我们就知道，《道德经》也不完全是老子的创建。孔子说："我述而不作。"他讲的是真话，他没有创建。老子也只是把前人所讲的话集结起来，他也没有创建。那你为什么要创建？

真理，在没有天地以前就存在。老子和孔子一样，都是集大成者。一个人能够集大成，已经很了不起了。我们每个人只是小有所成，但往往小有所成的人才会沾沾自喜。这和"下士闻道，大笑之"是一模一样的。

老子所引述的，古人所说的话有这些：**明道若昧，进道若退，夷道若纇。上德若谷，大白若辱，广德若不足，建德若偷，质真若渝。大方无隅，大器免成。大音希声，大象无形，道隐无名。**

这些话有的我们听起来很熟，但是更多的，我们听起来怪怪的。"明道若昧","若"是好像的样子,真正光明的大道,看起来好像是黯淡无光的。在一片黑当中你看到一个亮点,会感到很亮。萤火虫那么小,你感觉很亮,就是当时周围很黑。四周很黑暗,稍微做点儿好事,就不得了了。换句话说,如果背景很亮的时候,人再亮也不过如此。这个在现实当中,我们也可以体会得到。其实你猛然间听到这个觉得很奇怪,这就证明我们的认知很多时候是相反的。

"进道若退",前进的时候看起来好像是越来越退步的。你刚才是什么都不懂,现在懂了,你说我进步好快啊。你现在考四十分,再要考到六十分,你就觉得越来越难了,六十分要考到八十分,那简直是没办法了。你越前进得快,就越觉得自己在退步。

"夷道若纇",虽然走平坦大道,也好似走崎岖山路一样,小心谨慎,每一步都踏实稳重。

"上德若谷",高尚的品德,好像低洼的深谷一样。

"大白若辱"。"大白"的意思是说,你的功劳很大;"若辱",好像耻辱一样。大家看郭子仪,他很会打仗,但他每次战胜回来,做的第一件事就是辞职。大家都笑他,你回来战功彪炳,马上就要升官了,还辞职。其实在历史上所有的将军里面,只有郭子仪是福禄寿集全的人,因为他懂得《道德经》。如果你一打胜仗回来,就神气得很,这样皇帝就不高兴了,他就要提防你了。所以很多对皇朝有帮助的功臣,最后都被杀了,因为他们觉得自己了不起。郭子仪回来辞职就表示他不想要什么,这是他应该做的事情,皇上不用担心。皇帝真的把他贬了,那就把它当作平常受到的耻辱,很安静地去接受,然后过一阵子又提拔上来。

"广德若不足","广"就是广博、广大,你的德行越广大,就永远感觉修养不够,还要继续努力。

曾仕强详解道德经：德经

"建德若偷"，这句话一听就觉得很奇怪，但是老子告诉我们，一个人要立德，最好不要让人知道。

中国古代哲人曾提出"人生有三不朽"："太上有立德，其次有立功，其次有立言，虽久不废，此之谓不朽。"可见树立高尚的道德，是人生值得追求的最高境界，然而为什么老子却告诫人们，立德之事，最好不要让人知道呢？

> 真正有修养的人，是不会让人知道的。好像自己是小偷一样，生怕人家知道他在修养。
> ——《道德经》的智慧

因为你想让人家知道，你的动机就不纯正了，而且人家知道以后，就会嫉妒你，就会想办法打击你。所以真正有修养的人，是不会让人知道的。好像自己是小偷一样，又怎么会宣扬说我最近修养变好了，我读了某些书以后，整个人改变了，那是很奇怪的。但是我们世俗人都是这样的，这才是老子为什么要花这么多笔墨，来写《德经》的原因。

"质真若渝"，"质真"就是质朴真实，但是好像很容易改变一样，"渝"就是改变。天真的婴儿，没有主观，没有沉淀，随机应变，每样东西都很自然。就是因为他很质朴，很真实，所以看起来很容易改变，好像没有原则。其实他的自然，就是他的原则，顺服自然，没有作为，没有自己的主见，没有说我要怎么样。一旦长大就开始有了，例如：妈妈我要你抱我。婴儿是没有的，婴儿从来没有要妈妈抱，只有孩童才会要求这个，要求那个。

"大方无隅"，"隅"是角落。像四方桌子，它有四个角落，你可以看得很清楚。这明明是有隅，怎么说是无隅？因为桌

第十八集

子小，所以你看得到。如果把桌子延伸到离你比较远的地方，那你一个角都看不到，所以叫大方无隅。这样我们就知道，方就是圆，圆就是方，因为方太大了，就跟圆一样了。所以，说这个人很大方，就是他很圆通，说这个人很圆通，就是他很大方。

"大器免成"，大多数情况下我们都把它说成大器晚成，因为你的气势太过宏伟，不是一般的小器物一下就能做完，要花很多时间，所以就叫晚成。好比你做一个小东西可能两个小时就做完了，但你如果要做一个万里长城，可能很多年都做不完。所以一般人都说大器晚成，因为需要长时间的努力。实际上如果到了道德层次，就根本没有成不成的观念，成又怎么样，不成又怎么样？人家说你成，你也不过是成；人家说你没有成，你还是已经成了。不要有这种成不成的观念，这种人比较自在，动机很纯真，我只是一步一步走，做多少算多少，我也不计较，只要有时间我就继续做，终生无虑。一旦有了功利心，有了目的心，这个人就很容易走偏。现在很多人晚节不保，就是因为他还是有成的观念。因此，不要有成的观念，不要有早晚的观念，只要活着就准备一路走下去。

"大音希声"，大道的音，近乎无声，你听得很清楚，但是一点儿声音都没有。

"大象无形"，大象太大了，小孩子看不懂象是什么形状，因为他看不到。大人看到大道的象，也是近乎无形的，因为你看不到头尾，怎么会有形呢？

"道隐无名"，大道是隐晦无名的，它没有名字，是我们很勉强，才把它叫作道。你就不必再问道是什么了，因为它本来就没有名字，只是我们很勉强给它名字，你还去问为什么，不如不问，真正从实践当中去醒悟，不是更好吗？

曾仕强详解道德经：德经

老子引用这些古代流传下来的话，最后他的结论只有一句：**夫唯道，善贷且成**。他说天底下只有道这个东西，是很大方的。你要借多少，它就给你多少，不会跟你计较，也不会收你的利息，更不要你担保。而且它帮助你有所成就以后，不居功，还把所有的成就都让给你。

读到这里，我们可以很清楚地感觉到老子修德的功夫。他不但重视自己的积极性，而且还有很多世俗所不及的醒悟，他自己做给我们看，我们要不要学他，他也不管。潜修密行，常未人知，所以建德若偷。一个人，要好好地安安静静地修自己，不要说什么都让人家知道。你自己一步一步地向上提升，从知识面到道义面，然后到仁心慈悲，最后把这些德都忘记。那你就变得上德不德，是以有德，这时候你跟道就非常接近了。

《道德经》第四十二章中提到"道生一，一生二，二生三，三生万物"，这其中的"一、二、三"分别指什么？"道"又是如何产生出"万物"的呢？

道生万物，道怎么能够生万物呢？这当中一定有一个过程，所以第四十二章，老子就用几句话，来把它叙述出来：**道生一，一生二，二生三，三生万物**。如果我们只留下这段话前后四个字，就是道生万物，但是道生万物是一个很长的历程。"一"是从无到有的一个开始。道是无，因为你看不见，摸不着，又说不清楚。但是从它的现象可以看出来，它是从最简单的生物体开始演化，然后慢慢复杂起来的。这也是经过科学验证的。

万物负阴而抱阳。"一"是道深化发展的开始，"二"是开始有阴阳，即有了不一样的性质。阴阳是分不开的，有阴就有

第十八集

阳。男性是阳，男人的体内有男性荷尔蒙，但是也一定有女性荷尔蒙。女人体内大部分是女性荷尔蒙，但是也一定有男性荷尔蒙。阴阳同时存在，只是有的时候阳的显出来，阴的隐藏起来；有的时候阴的占的比例大一点儿，阳的小一点儿，就是这个不同而已。阴阳如果不互动，阴是阴，阳是阳，两个谁都不理谁，那就不能生万物，所以它们一定要有交互作用。

"三"是阴、阳和阴阳互动，有阴，有阳，有它们的交合、调试、交互作用，这样就产生了万物。万物的产生，大概都是这种状况，都是同样的历程。而且都有一个共同的现象，就是负阴而抱阳。看到温暖的，你多半会面向它；看到比较寒冷的，你多半用背去抵挡它。因为背比较不敏感，而前面需要温暖，差不多所有动物都是这样的。植物也是一样，植物为什么要向上长，因为上面是阳的，向上长，就能吸收很多阳气；植物为什么有的倾斜，因为那边阳光没有受到阻挡，它就往那边走，而这边阳光都阻断了，它接触不了阳气，就不会往这边长。所以很自然，植物有各种不同的形状，那就是负阴而抱阳。

万物都同时具有阴阳这两种不同的性能，虽然有显的有隐的，有多的有少的，但是不可能分开。那么，它又怎么能够产生万物呢？老子用一句话来说明：**冲气以为和**。"冲"是虚的意思。比如我们现在，珍珠奶茶是冲出来的，调酒器是冲出来的。我们把两种不同的东西放进去，然后就冲出第三种味道来。所以冲虚，是使它虚才能产生变化，这叫"弱者道之用"。如果里面空间很小，又用液体或者固体把它充满，你再怎么摇动，它都不会起变化。一定要有比较大的空间，里面东西少一点儿，先让它虚才可以冲，这样它们彼此才会互动，才会交合，才会互相交换一些东西，然后得到合理调和，所以"和"，就是合理的调和。

曾仕强详解道德经：德经

> 阴阳一定要平衡，阴阳只要不平衡不调和，就会产生种种问题。
> ——《道德经》的智慧

阴阳一定要平衡，阴阳只要不平衡不调和，就会产生种种问题。先看我们自己，我们常常会感觉到这里不舒服，那里不舒服，如果从中医的角度来看，就是阴阳不调和——阳气上升下不来，阴气往下走上不去。那你就开始要调动，把阴的往上调，把阳的往下降，让它循环往复，这样就达到平衡了。平衡你就能恢复健康，所有的生病状态就会消失了。

下面老子讲了一句话，大家听起来，会觉得很熟悉：**人之所恶，唯孤、寡、不谷，而王公以为称**。这句话就在第三十九章也讲过。他说像王侯这么重要，这么尊贵的人，他们都叫自己是"孤""寡""不谷"，"不谷"就是没有办法养别人。在这里的"人之所恶，唯孤、寡、不谷"，是起转折作用的，因为"道生一，一生二，二生三，三生万物，万物负阴而抱阳，冲气以为和"，是讲天道的部分，这部分我们是看不见的。老子用这句话，来引出后面的人道部分，我们现在称它为人生哲学，或者称它为生活理念都可以。

《道德经》第四十二章接着说"故物或损之而益，或益之而损"，这就是老子用整章内容所揭示的人生哲学。那么"损"跟"益"之间，究竟是什么关系？这对人们的现实生活，又有着怎样的指导作用呢？

故物或损之而益，或益之而损。"损"跟"益"是同时存在的。"物或损之而益"，你去损害它，结果是增益它。"或益之而损"，你去增益它原想帮助它，结果却在伤害它。

第十八集

我相信大家应该可以想到很多这样的事情，比如种树的人，他看到树被虫吃了，或者看到这一棵树长得很不好，就在春天快到的时候，来剪修树。我年轻的时候觉得那些来剪树的人，真的很残忍，又锯又砍，几乎把整棵树剪光，这是对树好吗？那么大的树，砍到光秃秃的就剩一个小树干。但是一两个月之后，你就会发现，它长得非常蓬勃。我慢慢才了解，如果那些部分不去掉，它所吸收的养分就无法平均发展，那所有的枝条就都枯掉了。把没有用的部分剪掉，水分才会充分供给，才会让这些有用的部分，重新长成非常漂亮的一棵树。

反过来看"益之而损"，你给他好处，增益他，最后是损害他。比如发大水的时候，满街到处都是水，河流是水，路上也是水，甚至老百姓家里都是水。上天给你很多水，但是你却叫苦连天，就是因为给你太多了，反而是损害你。还有饮食过度，好吃就还要多吃一点儿，最后不消化，反而生病把肠胃搞坏了。运动是好事情，既然是好事我就天天做，不停地做，最后就会对身体造成伤害。

人之所教，我亦教之。这些都是前人传给我们的教训，我们也要把它传承下去。中华文化之所以绵延不断，也是这个道理，古人好的话，好的道理要代代相传。其中有一句话，是老子特别喜欢的，因为他觉得这句话很有代表性，叫**强梁者不得其死**。此句话在周朝时候就很流行，意思是强悍的人经常是不得好死的。一天从早到晚刀枪不离手的，其实不是英雄，根本就是鲁莽、好斗，只是想表现自己，不把别人看在眼里，这种人都不得好死。有一句话，也是流传很广的，叫作精于游泳者死于水，精于枪者死于枪，精于刀者死于刀，就是"强梁者不得其死"，同样的道理。

吾将以为教父。"教父"就是教学的主要课题，教学的范

曾仕强详解道德经：德经

本，施教的典范，就像今天我们常讲的基本要义。老子说我们应该把这些话，当作代代相传的、做人的道理。我们看完这一章，应该深有体会。

我们的中华文化跟西方文化是很不同的，西方文化重视分，而我们重视合。这一句话其实不是很妥当，我们是有分有合。我们不可能不重视分，但是我们知道，分跟合要互相起作用，有分有合，合中有分，分中有合。所以我们把它归纳起来，用一个字作为代表，叫作"生"。"道生一，一生二，二生三，三生万物"，所以我们是"生"的学问，不要说我们是"合"的学问。"合"是"生"的一种作用，"分"也是"生"的一种作用，因此叫作分分合合，合中有分，分中有合，生生不息。

曾仕强详解道德经：德经·第十九集

在仅有五千字的《道德经》中,"无为"和"知足"被反复提及。第四十三章中说,"吾是以知无为之有益","无为"在这句话里是什么意思?"无为"又能带来哪些益处呢?第四十四章中的"知足不辱",也再次说明了"知足"的重要性。那么,人们如何才能真正做到"知足"呢?

第十九集

道贵柔弱，不贵刚强。道所重视的是柔弱，但是我们一般人，都很喜欢刚强。所以本来人可以活一百二十岁的，但是大部分人都活不到，就是因为你要刚强，自己跟自己过不去。老子再三告诉我们，柔弱胜刚强。大部分人读书归读书，但还是时时刻刻都要刚强，那就只有靠自己，别人是没有办法的。老子只是在尽他的责任，一而再再而三地把各种现象分析给我们做参考。

所以第四十三章，老子又告诉我们：**天下之至柔，驰骋天下之至坚**。天下最柔的东西，可以驾驭最刚强的事物。水跟气是最柔弱的，但没有人打得过它们，没有人能够战胜它们。水碰到钢板，能够水滴石穿；只要有个小缝，气就能慢慢吹过去，让缝慢慢变大，最后整片都裂开。从实际状况，我们应该很快可以了解，积柔可以胜刚。当然一滴水是不可能穿透钢铁的，但是它积累长期的柔，最后就会把钢化掉。积弱可以胜强，强无法胜强，只有弱才能胜强。钢跟钢硬碰硬，最后只会两败俱伤。所以我们有一句话，叫作以虚控实，车轮跑得很快的时候我们要刹住车，就是用很柔软的刹车片来刹住最硬的轮子，道理是一致的。

天下最柔软的东西，才有本事驾驭最坚强的事物，老子把它浓缩成一句话：**无有入无间**。"无有"就是没有形状，没有质量的东西。"无间"就是密到没有间隙、没有空隙，我们经常用铜墙铁壁来形容。很多人都认为人没有本事穿越铜墙铁壁，但实际是穿越得了的，只是我们没有那个功夫而已。等我们有了那个功夫，就会把自己都忘记，一下子变成气，穿透过去，到那边再恢

曾仕强详解道德经：德经

复。相信这些我们在电影上都看到过，不是现实不可能，只是我们做不到。没有形状的东西才能穿越没有间隙的铜墙铁壁。

吾是以知无为之有益。天下之至柔，没有形质，没有重量，没有具体的东西，这样才可以穿越没有间隙、密密无缝的铜墙铁壁。这样我们就知道，原来"无为"才是最好的东西。

《道德经》中共有十二处提到"无为"，那么第四十三章中的这个"无为"，是否有其特殊意义？从"柔弱胜刚强"中悟出的"无为"之道，又该如何理解呢？

我们再三说明，"无为"不是什么都不做，而是你要做，要不断地做，要积极地做，只不过你的所作所为通通都不能违反自然法则。顺着自然的法则，你可以多做，想做就做，不要顾虑太多，这才叫自然。树木没有顾虑，不断地生长，你在上面限制它，它没有办法，不会跟你硬碰硬，所以它用柔软的方式闪过去，在这边又生长出来。草也是一样，只要有一点儿空隙，就可以生长，随处都可以长，不会说非长成直的。水也一样，到处都可以流。老子就此归纳出来，顺着自然规律有所作为，才是最有益的事情。

不言之教，无为之益，天下希及之。老子说你不要用言语，而是要用身教，人家看了自然就会模仿你。你不要老想做跟别人不一样的事情，老想有跟别人不一样的表现，你只要顺着自然。这样你所做的事情，自然对大家都没有坏处，大家就会很欢迎你。"天下希及之"，"希"就是稀少。意思是说：这么普遍，这么简单的道理，为什么天下很少人明白，也很少人做得到呢？这是老子的感慨。

第十九集

《道德经》第四十四章，老子要我们知道一件事情，就是要修道、行道，只要做到两方面，就可以控制好。这两方面，一个叫知足，一个叫知止。

"知道满足""适可而止"是平常我们对"知足""知止"的理解，《道德经》四十四章中，所提到的"知足""知止"，还有其他什么深意吗？为什么它们会成为修道的关键？老子又是如何得出这一结论的呢？

老子说：**名与身孰亲**？他说你很有名望，大家看到你，都给你赞誉美名，但是名望跟你的身体比一比，哪一样更亲切？其实他在告诉我们，一般人都很重视虚名，而不重视自己的身体，常常会为了得到虚名而伤害自己。身体才是最可贵的生命。但是很多人说生命是最可贵的，其实也不对，因为如果你的生命存在着，但你不修道，不明道，说难听点，你的身体只有消耗资源，只有糟蹋社会，没有价值。对于我们来说，名誉也很重要，但是比较一下，一个是根本，一个是末端。我们更亲的，当然是生命，是身体。所以要先把命顾好，把身体保住，才能去做你想做的事情。

至于"名"，有实有虚。实的你也不必高兴，因为本来就是这样，人家认定不认定，跟你根本没有关系。虚名很可怕，会要你的命，人经常为了虚名，而牺牲自己的生命，这是非常不值得的。

身与货孰多？你的身体只有一个，就算有来生、来生的来生，那是另外一回事。你这辈子就活这么一次，就只有这么一个身体。我们比比看，身体跟财货哪个多？这里的"多"，不是数量的多，而是重要的意思。跟多少没有关系，不要用字面上的意

曾仕强详解道德经：德经

思去解释。是金银财宝、银行存款比较重要，还是生命比较重要？

一般人一想到钱，就忘记了身体，为了赚钱，三更半夜都不睡觉。赚钱重要，身体就不重要了吗？我现在还年轻，身体没问题，很多人都是这种想法。但年轻很快就会老，这叫作反者道之动。你现在年轻，没有顾虑，就放心地去破坏自己的身体，如果有了将来没有办法根治的一些毛病，后悔也没有用。

得与亡孰病？"得"不是得到，而是欲望。人的欲望很多，但是得到很少。真正得到了，也不一定是好事。而你想得却没得到，这才麻烦，所以"得"在这里解释为欲望，人的欲望是无穷的。"亡"是对身体造成很大伤害的。这两个祸患哪个比较严重，哪个后果比较可怕，我们一想就通。但是偏偏大多数人，就是想不通。这也是老子再三提醒我们的，虚名是远远不如实在的生命跟你亲切，你的生命只有一个，货物是怎样也比不了你这条生命重要的。

假如你有一个小孩子，被人家用车子不小心压死了，你要他赔。就算他赔你120万，你的小孩子重生得了吗？不可能，这是不能比的。

老子根据这些现象，告诉我们：**甚爱必大费，多藏必厚亡**。"甚爱"就是名利，你爱它爱得过了分，就叫甚爱，"甚"就是过度。老实讲，一个人合理追求名利，这是难免的，就怕过分。为了追求名利，你必须要大费周章，必须要浪费精力，必须要全力以赴，必须要废寝忘食，必须要折损你的性命，这就叫作"甚爱必大费"。

"多藏必厚亡"，"藏"就是把好东西藏于己，舍不得跟人家分享。过分追求那些你喜欢的、你认为很珍贵的东西，必然会引起人家的争夺，最后你的牺牲更大。假如你家里有很多宝藏，

第十九集

晚上有人会来偷，白天有人会来抢，你就要想办法保全，就要去动脑筋。所以很多名贵的东西，个人都保存不了，要献给博物馆，就是这个道理。

老子从前面的现象，归纳出这两种道理，叫作"甚爱必大费，多藏必厚亡"。他说你要免去这些烦恼，要减少这些痛苦，只要走下面这两条路，就可以了。

故知足不辱，知止不殆，可以长久。"知足"就是寡欲，我们只是用寡，而没有用绝，没有用禁，不可以禁止所有欲望，那不是老子的主张。

正是因为有了"欲望"，人们才会"知多知少难知足"。所以人们常常认为：修行，就是禁欲。然而，为什么老子却不主张禁止所有欲望？这个"欲"，到底该如何正确理解呢？

人有他的本能要求，这是合理的，这不叫欲。老子所讲的欲，是超过你本人要求的东西，这点一定要搞清楚。我要吃饭这不叫欲，我要吃山珍海味才叫欲；读书，成绩及格不叫欲，一定要考全班第一名就叫欲。欲就是过分，我们要寡欲，寡欲就是适当的欲望。一个人只要知足，只要寡欲，就不会招来无谓的耻辱。

"知止不殆，可以长久"，"知止"就是合理，适可而止。做任何事情都适可而止，就不至于招来无妄的祸害，这样你的生命就可以长久。但是千万记住，老子这里所讲的长久，绝对不是长生不老，因为老子很清楚，人不可能长生不老。那是非分之想，是"甚爱必大费"，是

> 一个人只要知足，只要寡欲，就不会招来无谓的耻辱。
> ——《道德经》的智慧

曾仕强详解道德经：德经

很可怕的一种欲望。老子的意思是说你要自然生，自然死。因为你没有不停地去伤害自己，所以你可以延长生命到你应该活的年纪，这是老子所谓长久的意思。而不是说我要炼丹，我要天天吃补药。

我天天做运动，就是为了要延长寿命，但其实这些都是不必要的，而且也没有人保证。古往今来太多的事实，都已经证明老子讲的话是对的。老子最主要的是在告诉我们，做一个人要重本轻末，要重内轻外。而我们现在几乎都是颠倒过来的，都是在追逐末虚的，丢掉实在的、根本的。现代人欲望太多，处处伤害自己，一有机会就纵欲，而忘记了我们是有生命的，纵欲一定提前死亡。

老子所说的知足、知止，就是既不用禁欲，更不能纵欲，凡事有度。紧接着在第四十五章中，老子又通过各种自然现象，进一步使我们认识到，为什么一定要知足，知止。

四十五章，老子说：**大成若缺，其用不弊。大盈若冲，其用不穷。大直若屈，大巧若拙，大辩若讷。** 这些其实我们稍微看一看，就会很快明白。可是大部分人没有注意到这些。

"大成若缺"，最圆满的东西，里面似乎有一点点儿欠缺。这一点点儿欠缺就是它还有发展的空间，还有变化的余地，它不会僵化在那里，这种作用才不会衰竭。例如八月十五，月亮很圆，可是你去看看，真的圆吗？当你看到它很圆的时候，它又开始缺了，这就是"大成若缺"。就是因为这样，它才有转化的空间，也正是因为这种转化的作用，才不会弊。"其用不弊"，"弊"就是衰竭，发展不下去了。换句话说，老子告诉我们，有

第十九集

一点儿欠缺,才有持续改善的空间。

"大盈若冲",最充满最充实的地方,总有一点点儿空虚,从而可以发生冲的作用。一个瓶子真能够装到百分之百吗?很难,而且万一受到什么压力,它就爆炸了,所以多半会留下一点点儿空隙。道理其实很简单,就算装得满满的,它也会气化,就像酒,越存越少,因为它蒸发掉了。

"其用不穷",就是冲虚的作用,它是不穷尽的,永无穷尽,永远会产生变化。事实上,很直的东西多少也会有点儿弯曲。任何一个东西太长了就不可能维持那么直,因为有地心引力,多少会有点儿弯曲。

"大巧若拙",很灵巧的手,有时候也很笨拙。因为它灵巧的部分很灵巧,可是别的部分就很笨拙,各有所长。

"大辩若讷",真正有辩才的人,心里很清楚,真理是本身就存在的,跟你的口才好不好,一点儿关系都没有。你口才再好,所讲的不是真理,它就不是真理;你口才不好,真理还是真理,所以何必一定要靠口才呢?没有必要,平平实实,好好把道理讲清楚就好。"讷"是木讷的意思,好像不太会讲。因为知道太多了,知道太深入了,生怕误导别人,反而能够很小心翼翼地讲,不敢乱讲,不敢爱怎么讲就怎么讲,就好像看起来很木讷,好像口才不好,这其实是好事情。口沫横飞乱讲,结果都讲错,害了很多人,这笔账迟早是要算的。

老子通过这些自然现象,总结出"躁胜寒,静胜热。清静为天下正"。这里的"清静"有什么含意?为什么唯有清静,才能为天下正?与静相提并论的躁,又是什么意思呢?

曾仕强详解道德经：德经

躁胜寒，静胜热。清静为天下正。"躁"是激动，可以防御寒冷。当一阵风过来，觉得有点儿寒意，你直接的反应就是动一动，动一动就生热了，生热你就不感觉冷了。

"静胜热"。大家可以感觉到，现在一年比一年热。这天气已经够热了，你看到人就说热啊热，那对方感受更不好。老子告诉我们的是我们平常都懂的话，叫作"心静自然凉"。你不去想那个热，安静下来，就不会热了。以前的人没有电风扇，没有冷气，也没有透气的衣服，但是大家也照样过日子。现在我们家家有冷气，反而搞得街道上更热，而且街道上的热还会传进来，那到底是好还是不好？你再看前面所讲的话，表面看是好，实际上是不好。大家都知道，人在外面自然的天气里面的感冒好治，在冷气房里面若感冒了，就难治。

所以老子的结论很简单：清静为天下正。你清静无为，无为不是不做事，而是你所做的每一件事情，都是符合自然规律的，这才是处天下的正道。

我们常常讲，这个地方美是很美，但是太人工化了。人工化的意思就是它直线是直线，曲线是曲线，它完美，但是感觉不好。自然的景观，这里缺一个口，那里弯一点儿，这里差一点儿，可是给人感觉很好。人生有缺陷，才能在缺陷当中求圆满，所以永远差那么一点点儿，一辈子都有希望。永远有一点点儿缺陷，终身都有乐趣。老子的建议其实就是，虽然我们都希望成为完美的人，但是不要太早，慢慢来，完人就是把人做完了，要回去了，所以不要急。

曾仕强详解道德经：德经·第二十集

《道德经》第四十六章指出:"祸莫大于不知足,咎莫大于欲得。"所以俗话说:知足者常乐。但是为什么不知足会有大祸,欲得会有大错?又该如何做到"知足常乐"?《道德经》第四十七章讲:"不出户,知天下;其出弥远,其知弥少。"现在是网络时代,确实可以足不出户知天下事,但老子为什么说走得越远,知道得越少呢?

第二十集

《道德经》第四十六章，老子用天下有道跟天下无道给我们做了一个比喻。

我们中国从轩辕黄帝开始就是道政合一的。政治很清明的时候，老百姓生活很安定，过得很快乐，我们就把它叫作天下有道。相反的，兵荒马乱、民不聊生，我们通通称之为天下无道。我们用有道跟无道来形容天下太平或者动乱不安两种不同的情况。老子说：**天下有道，却走马以粪**。"却"是停止的意思，我们说请却步，就是说你停下来不要再走了。"却走马"就是马不再去跑了。马为什么要跑？因为要战争。战争马要跑，逃难马也要跑，做生意很忙马还要跑。

马不乱跑的时候干什么呢？古代老百姓与当兵是不分的，平常你是耕农的，打仗你就是士兵。现在不打仗了，这些人都回来，就有充分的人力可以耕田，所以农田很快就扩大。农田扩大牛不够用了，于是马也不能闲着，也跟着来耕田。这句话告诉我们，天下有道的时候大家过太平日子不用打仗，老百姓就回家种田，这时候马也当作牛来用，马的粪也用来施肥，这种境况大家很容易想象。老百姓很快乐，他们不会担心这次出去回不回得来。可是相反，**天下无道**的时候，烽火四起，到处乱糟糟的，人心惶惶，你跑到哪里都不行。这个时候老子用一句话来形容，叫作**戎马生于郊**。此时马不可能留在农田上，所有马通通出动还不够，所以母马怀了孕也不能休息，照样出去打仗。

战场上，郊跟城是相对的。我们常常说郊外，郊外就是城

曾仕强详解道德经：德经

外，打仗多半在城外。马当然也是在城外。到了这个地步，大家可以想象耕田的人少了，可能都耕不成，兵荒马乱还怎么去耕田呢？连马也不得安宁，怀孕的马照样跑，照样打仗，要生小马的时候也没有办法选地点，就在战场上生，这是两种完全不同的情况。老子把它说出来，让我们想想喜欢过什么样的日子。老子根据这种现象归纳出一个道理：祸莫大于不知足；咎莫大于欲得。

古语云：天下熙熙皆为利来，天下攘攘皆为利往。人们对于利益的不知足似乎是一种本能。而现代社会的人们，对于物质的欲望更是强烈。怎样才能做到知足？又应该如何理解知足呢？

我们回想在四十四章的时候，我们读过知足不辱，知足的时候没有人会来侮辱你，你也就不会受到别人的侮辱。知止不殆，你只要知止就没有什么危险。所以我们这里讲不知足，相反的就是知足，什么叫知足？"寡欲不争"就叫知足。那什么叫知止呢？就是适可而止。人不可能没有欲望，从来没有人让我们把所有欲望都去除掉，就算有那也是唱高调，没有人做得到。所以老子只是告诉我们尽量减少本能以外的要求。如果除了本身的欲望之外还不断地向外去追求，那就叫不知足。欲望产生在我们的心中，心中满足了，你就觉得一切都很幸福。心中只要不满足，你再有钱也很痛苦。这个随时可以看到，这就叫作灾难、祸患。但是太多的人不了解。

"咎莫大于欲得"，什么叫作咎？我们常说某人引咎辞职，"咎"就是受到责难。为什么会受到责难？因为他做错了，因为他有重大的过失，所以引起大家的责难，不得不辞职。咎有很多种，哪一种最大？就是欲得。欲就是想的意思，我想要得到，难

第二十集

道想要得到也不行吗？可见欲得就是贪的意思，贪得无厌才叫欲得，一般的欲得是知止，知止就不殆，你不知止，要了还想要，多了还不够，就会犯很大的过错，就会引起各方的责难。

老子先从现象来分析，再把现象背后的道理跟我们说出来，然后下了一个结论：**故知足之足，常足矣**。"常"有三个意思，一个是常常，一个是止常，一个是常态。"知足之足"就是能够返本归真，返回婴儿的状态，就会觉得很满足。大家可以想象古代的人跟我们现在比，谁比较满足？当然现在世界上还有很多人过着很原始的生活，他们比我们快乐吗？并不见得。所以人要返本归真，婴儿很快乐，他没有太多要求，不烦恼，不会睡不着，不会恐惧，这就是老子所讲的知足之足。

俗话说：知足者常乐。减少基本生活之外的欲望，返朴归真的人生才有可能是快乐的。而一个社会中的人民是淳朴善良幸福平静，还是物欲横流动荡不安，是谁在起决定作用呢？

老子反复地用各种不同的方式在告诉我们，第三章所讲的那一句话，"不见可欲，使民心不乱"。如果居高位的人不表现出太多的欲望。老百姓就会很平静，不会乱。

战争是谁引起的？当然每个时代的战争是不一样的，古代的战争多半是君王想要扩充他的领土，要别人把领土割让给他，你不答应他就打你，现在不一样了。

讲到这里我们要有一个很深刻的认识，大概在我们的经典里面，最有资格称为帝王学的，就是《道德经》。《道德经》这五千言，其中的每一句话几乎都是讲给君王听的。后来才把它变到道教，做另外一种解释，拿去炼丹。我没有说那个不好，我只

曾仕强详解道德经：德经

是说那只是小用，真正的大用反而被掩盖住、被忽视掉了，这是非常可惜的。当初大家不想把它当作帝王学，我们不能说它没有道理，因为君王毕竟是少数人，你让太多的人知道这个，不但没有意义，而且很可能有相反的结果。现在不一样了，中山先生把中华帝制，把最后的皇帝推翻掉，他讲过一句话，"我们不要让这个人当皇帝，我们要让四万万同胞每个人都当皇帝"。

我们现在吃的、住的、用的比以前皇帝还好。但是这也是非常可怕的现象。我们必须要了解，以前只有一个皇帝，这个皇帝从小被非常认真地培育、教导、训练，然后才成为一个帝王。那种情况之下都还有昏君，都还可能搞成天下无道，何况现在呢？没有读几本书的也是小皇帝，更可怕的是一出生他就是小皇帝，那天下不乱才怪。所以每个时代有每个时代的苦衷、特点，我们要特别去了解才知道怎么样顺着这种自然的演变做合理的调整。

《道德经》四十七章说："不出户，知天下；不窥牖，见天道。"我们现在身处网络时代，看似可以做到足不出户而知天下事，但是又如何能像圣人一样懂得天道呢？

不出户，知天下，可能吗？根本不可能的。你就整天守在家里面，就能知道天下大事吗？你说当然可能，我上网，但是网上有多少真的，多少假的你分得出来吗？你说我看电视，电视也是很片断的，都有不同的立场。

我在英国读书的时候，有一次走在街上，发现这条街的名字非常奇怪，叫Waterloo Road，意思是滑铁卢路，就是失败的，哪里有一个国家，一个城市会把它的道路取名为失败大道？不可能的。那时候毕竟还年轻，我忍不住就问英国朋友，为什么叫

第二十集

Waterloo Road？他说这有什么不对，Waterloo Road就是胜利啊。我才恍然大悟，滑铁卢对法国人来讲是失败，但是对英国人讲就是胜利。所以我们常讲公说公有理、婆说婆有理，全世界都是一样的，没有什么好争论的。立场不同，观点不同，各有坚持。

不出户，知天下，后来就演变成说我静坐，静坐以后就通灵，就可以云游四海，然后就知道全世界了。我也不否认，但是我也不相信真的可以做到这个地步。至少这个东西是没有办法印证的。

不出户，知天下，老子是怎么认知的？老子说你要当一个君王，必须要具备不出户知天下的本事。有这种本事吗？当然有。你只要跟道合一，就有了，因为道跟天下万物都是合一的。这样大家就知道为什么老子总教我们要抱一，要持一，就是要你跟道相合。然后再进行推理。真正的推理，八个字就够了：理所当然、事所必然。今天叫趋势学、未来学、预测学。那就是不出户，知天下。你懂得天下的大道，你就跟天下合一，那就不必出去而知天下了。

> 真正的推理，八个字就够了：理所当然、事所必然。
> ——《道德经》的智慧

不窥牖，见天道。虽然有窗子，但不必透过窗子的格去看外面是什么样子。天道就是自然现象，但自然现象不在天上。我们看史书记载说夜观天象就知道某人将要怎么样，那是借口。不然你现在再去看看，天上流星很多，变化很大，哪一颗星代表谁？那只是一种障眼法，是史官保护自己免得皇帝一不高兴把他推出午门斩了的一种方式。

我们如果好好体会老子的思想，应该记住一句话，天道是天象，天象不在天上。我们看天上，只是看到天文的变化，气象的

曾仕强详解道德经：德经

——《道德经》的智慧

天道在哪里？天道在众生象里。

变化，不可能每一个人都在天上。那天道在哪里？天道在众生象里。你看社会现象就知道天道了，天人合一就是这样来的。所以当一个君王不是整天问人说你看天上有什么吉相啊，我该怎么办啊。而是要了解民间的疾苦，社会的现象，才真正了解天道。如果你具有这样的修养，就可以"不出户，知天下；不窥牖，见天道"。

我们常说，读万卷书不如行千里路。但是老子却说："其出弥远，其知弥少。"为什么老子认为走得越远，知道得越少？我们应该如何理解这句话呢？

其出弥远，其知弥少。跑得越远，知道的越少。现在很多人说自己到过德国，到过德国又怎么样？比利时长什么样子你都不知道。我们去任何国家都只能看到一点点儿表面的东西，它真正的内容我们搞不清楚，而且住得越久越觉得陌生。你来一次北京就能知道北京是什么样子？这是不可能的事情。你再住个十年、八年，越会感觉到北京太多事情自己不了解。

"其出弥远"，走得越远，"其知弥少"，知道的越少。那不是行万里路，读万卷书吗？没有错，但两者没有关系。行万里路是你要会看众生象。你骑脚踏车，可以知道这条道路旁边有树，而且树上面会不会开花，可是你骑摩托车就不知道这条道路旁边有树，也不知道树上会不会开花。因为不敢看，一看就出车祸了。你走高速公路，经过哪里，完全不知道。飞机一下子就到很远很远，这当中有什么景象你一无所知，跑得再远有什么用，跑得再远不过看到飞机上那几个人。然后你去巴黎开会就看到那个旅馆,全世界旅馆都差不多,吃的自助餐也差不多,听的音乐也差不多,住的床更是差不多,开完会又回来了。就算去过巴黎三次有什么用?毫无作用。

是以圣人不行而知,不见而明。圣人在老子的心目当中就是圣君的意思,他不必远行就知天下了,这在回复第一句话,就是"不出户,知天下"了。"不见而明",他不必亲眼看到,就知道它的真相是什么。所以你们想要蒙蔽他很难,因为他与道合一。这个思想我们在很多章里面都会说到,要怎么样去做到这样的功夫,老子有一套过程。

我必须要说明,同样是学,孔子所讲的学,跟老子所讲的学不太一样。孔子说我们要学而知之,我们要困而知之,当然他也承认有生而知之。只是孔子的重点是在学而知之跟困而知之,你不学就不懂,你没有经历过困难就不深入。

而老子不是,老子说"道"学不来,你再怎么困苦,不悟就是不悟。大部分是生而知之,生来就懂得。所以"道"到底要怎么去学?这个我们还要继续看下去,大家才知道不是像我们读儒家的书那样。我们要加强内部的修养,而不是拼命地向外去追求,这才是老子给我们的一个方向。

圣人不必远行而知道天下的变化,不必亲眼看到就知道真相是什么,所以他可以**不为而成**。老子的"成"不是说他自己的成就,如果说他自己的成就,那就有目的性、有功利性,这个成就太小了。凡是有功利性、有目的性的,都不是老子所赞扬的"成",这样的话宁可无成。所以我们再想一下,这里面有什么奥妙?就是你的动机要很纯真。我做这个东西是要服务人群的,而且必须要到达人群的手中,必须让人群了解,否则做了等于没

曾仕强详解道德经：德经

有做，这就不叫不为。不为是说我不为什么而做，但是做了这个东西，它本身有它的使命，就叫作"不为而成"。

一个人一定要修炼到无我、无师、无欲、无知，才有办法跟道合一。这个过程是每一个人都要花点儿时间领悟的，否则《道德经》就白读了。大家不要急，后面还有很多章节，老子会告诉我们具体的方法。不要用世俗的眼光来看《道德经》，不要用我们那种没有用的名相来说服自己。我们是被名相说服自己、绑架自己，所以永远看不到真相，永远在骗自己。孔子说我们在骗自己，老子说我们不知常，就是不明真相。他们两个都是好意，要努力的是我们自己。

曾仕强详解道德经：德经·第二十一集

老子的"无为而无不为",是最具争议的一句话,这句话在《道德经》第三十七章出现过,第四十八章又再次出现。"无为而无不为"是不是相互矛盾的?究竟应该如何解读?《道德经》第四十九章讲:"善者,吾善之;不善者,吾亦善之。信者,吾信之;不信者,吾亦信之。"老子为什么要善待不善之人,信任不诚信之人呢?

第二十一集

现代人都非常喜欢追求知识，这就叫作为学。但是我们越来越不知道"道"在哪里，怎么去明道，怎么去行道，怎么去正道，那就叫作为道。为学跟为道都是对人有益的，可是不能偏。

我们现在来读《道德经》第四十八章，开篇两句话流传非常广，都是大家耳熟能详的：**为学日益，为道日损**。这两句话其实有很多解释，单独就这两句话来解释，可以这样讲，一个人如果知识越多的时候，就离道越远。

这样我们才知道为什么第二十章，老子开门见山就告诉我们"绝学无忧"，不要去学，这样就没有烦恼。你没有什么知识，还烦恼什么？没有知识，你就不会伤害自己，也不会去伤害别人。那难道学问都是坏的？知识都是不需要的？好像也不对。

可是事实就是这样的，那些有知识的人很懂法律漏洞，他有办法表面上符合国家很多标准，让人检验不出来，结果害死很多人。特别是在食品安全，医药保健用品方面，我们看得非常之多，而且也忧心忡忡。"为学日益"，做学问有好处，但是你要小心，它会让你走邪道，害人害己，这样的话你就离道越来越远了。

老子是不是完全反对我们为学呢？不是，他把这两句话合在一起：为学日益，为道日损。他是在提醒我们，当你求知识的时候，当然是越多越好，增加你的见闻，使你懂得更多的东西。可是这个时候你就要提醒自己：我除了为学以外还要为道。

为道就是我学了东西以后不一定马上要拿来用，我可以不用，该用的时候才用。那何必学？为什么要学？没有用就不要学

曾仕强详解道德经：德经

了。大家再深一层想想看，一个人因为不懂得做坏事而没有做，和一个人"懂得怎么做坏事"但是他就是不做相比，当然后面这种人比较了不起。所以学知识，但不会损害为道，这个人才了不起。

老子的意思是说你学一样东西之后，要回归以道，看它合不合理，合不合天道。合天道，就去实证，就去做；不合天道，我知道是怎么一回事但是我不做。因为那不是好的知识。对现代人来讲，这两句话尤其重要。所以我最听不惯什么知识经济，知识经济就是用知识来赚非法的钱，赚不合理的钱，那有什么价值？不是现在所讲的钱的来往叫经济，经世济国才叫经济。因此，把正确的知识运用出来才叫经济。

老子接下来讲：**损之又损，以至于无为**。可见他并没有说为学不好，他只是提醒我们应该把道放在哪里，要把学来的东西筛选，该减少的减少，该忘掉的忘掉，损到你所知道的知识全部都合乎天道，你就会无为。

老子认为，"无为"是一种很高的境界，但是有些人却把"无为"理解成"无所作为"，"无为"是不是"不作为"？老子所说的"无为"，究竟是什么意思呢？

无为不是不做事，这是我们一再重复说明的，因为太多人一看到无为就觉得那就是什么事都不要做，为学也不要，为道也不要，整天混日子，这不是老子的意思。老子告诉我们，人是要做学问、追求知识的，但是当你追求知识的时候一定要用道、用自然规律来做衡量的标准，来筛选自己所学的东西。我们现在不是，现在都用真假来筛选。但是各位，谁知道真假？你认为是真的，一段时间之后才知道原来是假的；你认为是假的，后来越看越真。真真假假、假假真真，谁都没有能力分辨。我们根本就是在骗自己，认为自己是专家，可以鉴定，其实很难。

曾国藩最会看人了，此人能用那人不能用，这人有信用那人没有信用。有一次有一个人去找他，一开口就说像李鸿章那种人，我要骗他轻而易举，像左宗棠那种人，我要骗他易如反掌。曾国藩觉得此人口气蛮大的，就只看着他，这个人就说："像曾公您这样的人，我们连骗都不敢骗，我们看到您就不会动骗的念头。"曾国藩一听，觉得这个人见识不错，就问他今天来有什么目的？他说自己没有什么目的，只是办某件事情需要三百两银子，于是曾国藩马上叫人拔三百两银子，那个人拿着三百两银子从此不见人影，不知道跑到哪里去了。所以曾国藩每次想到这件事情就讲：像曾公这种人，我们看到您连骗都不敢骗，连动骗的念头都不敢。实际是嘲笑自己。不管谁再会看人，也有上当的一天。

我觉得很多人总在真假上面挣扎一辈子，是完全没有用的。你读了《道德经》，就要改变，看它合不合自然规律。不管真的假的，合不合理最重要。合理我就拿来用，不合理即使是真的我也不要，真的让我去发财我也不要。那是最省事、最安全、最可靠的。"损之又损"，就是把学来的东西筛选，合乎大道的我保留下来，不求多，要的是管用，变成习惯最要紧。

《道德经》第四十八章讲："无为而无不为。取天下常以无事，及其有事，不足以取天下。"我们已经知道，老子所说的"无为"，是顺应自然不妄为。那么无为而无不为，是不是相互矛盾？这个"无不为"究竟是什么意思呢？

无为而无不为。无不为就是孔子所讲的，"七十而从心所

曾仕强详解道德经：德经

欲，不逾矩"。孔子到最后也是无不为，他什么都可以做，他想怎么做就怎么做，没有顾虑，为什么？因为他从来不会犯错。一个人从来不会犯错，还顾虑什么呢？你还要三思而后行？你还要去查法典？你还要去看看规定合不合理？没有那个必要。从心所欲，自由自在。行以"道"而很自然，那就叫无为而无不为。

老子讲完这番道理以后，就归结出做君王的人该怎么做：**取天下常以无事**。你得天下就要好像没有在做什么一样。我们后来把它传承成非常有意思的两句话，叫作大位天定，不以智取。历代的皇帝该谁当就是谁当，你想尽办法想当，最后还是当不上。因为大位就是"取天下常以无事"。刘邦跟项羽，当然项羽有把握，人家看起来就是英雄气概，手下人才很多，谁看得上刘邦？但最后是刘邦得了天下，而不是项羽。朱元璋做梦也没有梦到他会当皇帝，可是他就当了。如果有事，那就叫**及其有事**；如果你专门制造事端来干预百姓，弄得大家不安，就**不足以取天下**。那你就算了，你赢得不了民心，就算你得到了，也是保不住的。

举个武则天的例子。武则天刚开始出道的时候，大家就看出来这个小女子将来不简单，但是谁也不敢跟唐太宗讲说你用错人了，那个女孩子将来非常麻烦。大家都不敢讲，所以就假借夜观天象，跟唐太宗说将来夺掉你江山的就是一个姓武的人。于是唐太宗就把外面姓武的人全部杀掉了，然后就问还有没有姓武的？旁边说还有个就是武则天。唐太宗说她算了，她能做什么？但她就是大位天定，用今天的话叫作锁码。老天保护她，把她锁码，你怎么想都不会想到她，她就出来了。如果唐太宗当时杀掉她，那后边就没事了，但是那就不是"取天下常以无事"。好好去想一想，真命天子取天下常以无事，不是真命天子取天下常以有事，最后谁得天下大家心里已经非常清楚了。

第二十一集

《道德经》第四十九章说:"圣人常无心,以百姓心为心。善者,吾善之;不善者,吾亦善之。德善。"对于善者要善待,当然是应该的,但是对于不善者为什么也要善待呢?

《道德经》第四十九章,老子首先就讲出一句很奇怪的话:**圣人常无心**。但很多书把它写成"圣人无常心",我们尊重大家的这两种选择。但是我们这里还是用"圣人常无心",圣人常常是没有"心"的。

"心"这个字在老子的书当中,代表一种意志,一种欲望。第三章老子讲过"圣人之治,虚其心"。你要把心虚掉,不要有心。你要以亲近来面对老百姓的心思,不要有自己太多的主张。《道德经》第十二章老子也讲过"驰骋畋猎,令人心发狂"。你一天到晚搞这个搞那个,老百姓心里就很不安,不知道你下次又要出什么花样。所以"常无心",就是说你不要有自我,不要有私心,不要有成见。那怎么办呢?下面老子就把具体的方法提出来了:**以百姓心为心**。用百姓的心来当作你的心,用百姓的意志来当作你的意志,把百姓的欲望看成是你自己的欲望。如果说这就是现在所讲的顺应民意,那各位又错了。老子没有主张要顺应民意,因为民意如流水,经常在变。你听谁的?就算同一个时代、同一个地点,民意还经常有正反两面,甚至有好几种杂乱无章的意见,你听谁的?我们这里所讲的以百姓心为心,不是西方那一套。

我们把老子这一章看完以后,再来想想老子到底是主张些什么事情。他先说圣人,就是君王,最好没有自我,没有私心,没有成见。你就看看老百姓他们想要什么,你就让老百姓自自然然的,他们自己会转化。真的有那么容易吗?具体方法就出来了:

曾仕强详解道德经：德经

——《道德经》的智慧

德善就是发自内心的，没有条件的真正的善。

善者，吾善之；不善者，吾亦善之。德善。 他说老百姓有善的，有不善的，有好人也有坏人，这大家都知道。老百姓善的我善待他，老百姓不善的我还是善待他。那不是是非不明吗？不是糊涂吗？不是讨好大家吗？但老子说这样才叫德善，德善就是发自内心的，没有条件的，真正的善。我相信很多人是想不通的，这怎么可能呢？老子的意思是说善良的老百姓跟不善良的老百姓，他们的行为虽然不一样，但是他们的需求是一样的，他们有一颗同样的心，就是希望被重视，希望被善待，希望被关心。

我既然是人家的最高领导人，就要普遍照顾全民的福利，这才叫德善。用现在的话来讲，就是政府有责任照顾全民的生活。他是残障你要照顾他；他智能差你要照顾他；他家里很穷，住在没有自来水的地方，你就要拨款帮助他铺设管道。这才叫作"善者，吾善之；不善者，吾亦善之"。

信者，吾信之；不信者，吾亦信之。德信。 有信用的人我对他有信用，没有信用的人我还是对他有信用。这样才叫作"德信"。这个孔子是不太赞成的，孔子认为你对我没有信用我就对你也没必要有信用。

儒家的思想认为，应该"以其人之道，还治其人之身"，对于不讲诚信的人，当然不能和他讲信用。但是老子为什么却说："不信者，吾亦信之呢？"

我们一再讲，老子是对那些非常高层次的人讲《易经》的道理，孔子是替中层干部讲。圣人以同样的信来对待信或者不信的人，这个"信"可以说你有信用，也可以说你相信我，都可以。我讲话你相信我，我不会特别对你好；我讲话你不相信我，我也不能特别说是你怎么样。

我们追求知识之后，要把知识提升为智慧，这样自然会相信那些没有信用的人。因为他看到你之后自然讲信用。那刚才不是曾国藩也受骗吗？那只是个案，不能拿它当作通案。曾国藩最后还是该相信的他都会相信，只要是他用的人，他一视同仁。虽然这里面有个别的，但他怪他自己，不会怪人家，也不会因为一个人而不相信所有的人。

德善、德信，这个德就是孔子所讲的人性。你如果连人性都不相信的话还能相信什么呢？我善待大家，我相信大家会保持善，那原来不善的人也会变善。不是我改变他，而是他自己改变，就叫德善。原来相信我的，原来讲信用的会继续；原来不相信我的，原来不讲信用的，会自己改变，这才叫"圣人常无心，以百姓心为心"。

老子接着说：**圣人在天下，歙歙焉，为天下浑其心**。"歙"就是把鼻子缩作一团，意为收敛、谨慎的样子。圣人非常谨慎，生怕自己稍微有点儿不正，所以他不分善与不善，因为善会变不善，不善也会变善。而且那么多人你要分清楚谁是真的谁是假的也很难。信与不信也是如此，现在信很可能以后变成不信，不信也很可能变成信，那何必去计较呢？所以我干脆一视同仁，没有成见，不主观。

"为天下浑其心"，"浑"是把本来不同的混在一起就同了，就是浑然相同。本来民意就是不一样的，参差不齐各有看法，而且都不成熟，所以当君王就不要计较那么多。"浑其心"，就是所有百姓的想法我都知道，虽然你们看见是不相同的，但我看是

曾仕强详解道德经：德经

相同的，因为反正我走得正，你们自己会去改变的，改变到最后就同了。

百姓会做一件事情，叫作**百姓皆注其耳目**，这是最妙的。老子非常了解中国人，中国人眼睛都是往上看的，耳朵都是听上面的声音。上面有什么风吹草动，底下人会主动去调整，主动去配合，主动去适应。他会主动去改变自己，用不着你花太多的力量。这样大家就知道为什么历朝历代要改变社会风气都是一两人而已。西方人要改变天下，是少数服从多数，而我们中国向来是一两个人就能改变整个社会风气。一两个人，一有风吹草动，下面的人眼睛都看到你，耳朵都听到你，他们自己就改变了，比什么都快。从这里我们可以看到，其实事情很容易，现在之所以搞得那么复杂，就是我们用西方的方法来治理中国人的事情，搞得很忙、很累。那又何必呢？

"百姓皆注其耳目"，"注"就是注视，百姓自己会看，自己会听风声，自己很快就调整了，比法律更快。法律还要立法，还要修法，百姓自己说改就改了。但是**圣人皆孩之**，圣人把百姓当作自己的孩子一样，不用成人的标准来苛求他们。过去的该办就办，到某一个程度大家不再重犯就好了，这就是老子的政治主张。

曾仕强详解道德经·德经·第二十二集

现代人讲究养生，而老子早在两千多年前，就在《道德经》第五十章中提到了"善摄生者"，意思就是善于养生的人。但是老子所说的养生和现代人所说的养生，都有什么不同呢？五十一章中的"玄德"，在《道德经》中多次出现，三国时期的刘备也以玄德为字，谓之刘玄德。那么，老子认为什么样的德行，才能称之为"玄德"呢？

第二十二集

《道德经》第五十章，老子把人分成三种：**出生入死。生之徒，十有三；死之徒，十有三；人之生，动之死地，亦十有三**。十有三就是百分之三十的意思。生之徒，百分之三十；死之徒，百分之三十，动之死地，百分之三十。加起来只有百分之九十，还有百分之十，老子把它叫作善摄生者，即很会养生，很会保健的人。

我们用现在的话来说，同样是自然生，自然死，没有特别去养生，也没有自己去找死，这种人占了百分之六十，因为里面有一部分是生之徒，有一部分是死之徒。换句话说，同样自然生，自然死，有生来就长寿的，百分之三十；也有生来就短命的，百分之三十；还有百分之三十，不动则已，一动就自找死路。另外百分之十，善摄生者，他们很会养生，很会保健，但为数不多。

我们好好地斟酌老子的原文。"出生入死"，为什么叫出生？为什么叫入死？我们中国人，从无到有就叫出，即生出来。小孩只有生出来的，没有人说生出去的，这是从无到有的。就算在妈妈肚子里，也还是有的，只不过我们看不见。生出来活生生的一个婴儿，当然是有，所以出生的意思，就是从无到有。入死就是从有到无，因为老子讲，一切事情都是生于无，然后复归于无。万物生于无，最后复归于无，就叫出生入死。

我们常常问人家，生从哪里来？死往哪里去？就是这四个字，出生入死。生从生处来，死往生处去，这就表示中国人很重视生。我们没有说，死往死里去。所以人走了，我们叫往生，没

曾仕强详解道德经：德经

有叫往死。我们是生的学问，我们的生活很重要，我们所讲究的是人生。这跟孔子说的，"未知生，焉知死"，其实是不谋而合的。这不是忌讳，不是迷信，而是循环往复，生生不息，本来就是生。

"生之徒"，是说自然长寿的；"死之徒"，就是自然短命的。不见得说，我什么都不管，一切顺着自然，就一定会长寿，不一定。因为动植物也是一样，同样是狗，有的活得久一点儿，有的活得短一点儿；植物也是一样，同时种两棵树，有一棵树发展得茂盛一点儿，有一棵树很快就枯萎了。人的寿命是不一样的，所以我们常常讲，生死有命，富贵在天，因为有生之徒，就有死之徒。

人自然生，自然死，里面分两类：一类占百分之三十，是自然长寿的；另一类百分之三十的人，是天生短命的，这不能怪他。还有一种，老子特别提出来，叫作"人之生"，说这百分之三十的人，一生出来，不动则已，动之死地。

"人之生，动之死地"，用现代人的话来说，就是"作死"！那么从古至今，尤其是现代社会，究竟哪些行为是在"作死"呢？

我们有时候觉得老子真的了不起，他怎么会知道现在的人，越来越明显地"动之死地"。走路不好好走，一只手拿着手机，不停地玩；不好好喝酒，灌酒、酗酒；打麻将，谁都不去休息，连续不断地打；上网，七八个小时不停。

夫何故？ 老子讲完那三种人的比例以后，提出一个问题，为什么会这样？他的答案是：**以其生生之厚**。就是说你求生太过

第二十二集

了，贪生怕死，而又不得其法，反而加快死亡。太过重视营养的人，最后也是动之死地。

人想养生，要得其法。所以老子接着就说：**盖闻善摄生者**。据说，那些很会保健，很会养生的人，**陆行不遇兕虎，入军不被甲兵**。这种人就算在陆地上到处去走，也不会碰到凶猛的野兽。其实也不是说不会，老子的意思是说，就算碰上了，它也不会咬他，他也不会死。这种人就算去打仗，到处都是兵器，也不会为甲兵所伤。下面老子接着分析，为什么会这样？**兕无所投其角**。那种凶猛的野兽，它想伤害你，但它找不到下手的地方，它的角不晓得顶哪里。**虎无所措其爪**。就算很凶猛的老虎，它的爪子很厉害，但是它找不到地方可以伤害你。**兵无所容其刃**。虽然兵刃很厉害，但是你没有可以被伤的地方。

老子知道我们听了这些，都很疑惑，怎么可能？所以他说：**夫何故**？这是什么道理？一句话就讲完了：**以其无死地**。"无死地"就是没有制造死亡的原因。我们现在传承成四个字：命不该绝。命不该绝的时候，碰到再凶的野兽，再猛的老虎，再尖锐的刀刃，都不会受伤。因为你自己没有制造让自己死的缘由。真的会这样吗？

仅有百分之十的"善摄生者"，无论遇到什么险难，都能死里逃生。老子说，这是因为"以其无死地"，也就是老百姓说的"命不该绝"。但是在现实生活当中，善于养生的人，真的总是能化险为夷吗？

其实老子讲的并没有这么具象，他在告诉我们一个观念，就是一个人只要戒除贪念，只要不对死有恐惧，只要谢绝一切声色

曾仕强详解道德经：德经

名利，就很会摄生，很会保养自己，就不会把自己置之于死地。我们从另外一个角度来说，置之死地而后生，跟这个其实是不谋而合的。我已经置之死地了，再也没有死地了，也不必担心了，结果反而不会死，反而会一心向生的方向去努力，这样就不会动之死地。

举个发生在我身上的例子，大家可以做参考。有一次我们几个人，到郊外去参观，那边龙眼树很多，我们去的时候正好龙眼盛产，就买了一些龙眼，坐在石板凳上面吃。难免手会黏黏的，所以我就一个人，静悄悄地去找洗手间。刚一踏进门，就发现一条绿色的蛇，很粗，很凶地对着我。其实我当时也没有思索，因为已经没有思索的时间，只要我一动，就是动之死地，我绝对不如它快。我一动，它扑过来，我就没命了。当时也没有想这么多，这是事后才想到的。我就停在那里，不动声色，因为我不会去跟它拼，也不会逃，况且也逃不掉。后来想想，总结出一句话，就是我不犯你你不犯我。所以我站在那里，然后它也没什么动静，过了一会儿就跑掉了，我就松了一口气。后来读到《道德经》这一篇，我才觉得，以其无死地。好像真的有这么一种情况。你碰到动物，想打它，它一定会对抗你，这是其本能。虽然我们不会对它说话，说了话它也听不懂，它想干什么，我们也不知道，但是我们会体会到老子所讲的。道是一样的，动物也是道所生，动物身上的道和我们身上的道是一致的。你只要不去犯它，它多半不会来犯你。

老子为什么一直说，人要复归婴儿，就是当你没有任何心思，没有任何杂念的时候，反而很纯真，而纯真就很接近道，那就给你很大的保护，这只是给大家做参考。

我们能不能长寿，谁也没有把握，所以长寿也不必高兴，短

第二十二集

命也没有什么好怨的。读完《道德经》，你就知道自然生自然死里面，必然有两种，而且数目都还差不多。我们所要在意的是后面这种，不要让自己动之死地。

我们善摄生，花点时间在自己身上，好好保健，好好养生，这也不容易，不是说花些钱，买些保健品，就可以解决问题的。真正最要紧的，还是内心的修养。

老子说戒除贪念，不该得的不要妄想，不要追求虚名，不要追求不正当的利，更不能追逐虚华、奢侈以及声色，那你就无死地了。无死地就会避免很多意外死亡。

老子认为少私寡欲，清静无为，恪守"道"，注重"德"，才是真正的养生之法！而紧接着老子在第五十一章中，继续指出万物都应该"尊道""贵德"，是因为"道生之，德畜之，物形之，势成之"。这四句话是什么意思？"道"与"德"之间，究竟是什么关系呢？

《道德经》第五十一章，老子说：**道生之，德畜之，物形之，势成之。是以万物莫不尊道而贵德。**"道生之"，就是说道赋了万物生生的道埋。换句话说，道不去生任何东西，而让万物自己生。我们跟道是什么关系？道告诉我们怎么生怎么长的道理，至于要不要按这个道理来，那是我们自己的事。所以我们常常讲自作自受，就是从这里来的。

"德畜之"，万物各自得到道的一部分性能，而各自发挥自己的特性，就叫德。道是无比宽广的，没有一种东西，能够把道的全部都发挥出来，我们只能发挥它的一部分。人性就是道的一部分，可是每个人的人性，多少有一点点儿不同，这叫作个别

曾仕强详解道德经：德经

差异。道把万物生出来了，然后万物自己按照道去发展，那就叫德。你根据道走，有所得，就叫德。所以道德的"德"，跟得失的"得"同音，有同样的作用。

"物形之"，所有的物，各有形状，都是道所生。生出来是狗，生出来是猫，是因为它得到道里面的狗性，或者猫性。它是来看门的，它是来抓老鼠的，它们各不相干，这就是物形之。固定的形状，固定的功能。两个不是在一起，而是分工，各搞各的，各走各的。其实人里面也有一部分是这样，因为人太多了以后，自然有人同道，有人不同道，所以我们才要彼此尊重。我们是同大道的，大道里面有小道。各人成长的家庭背景不一样，各人的志向不一样，各人的工作岗位不一样，必须要求这样子。这就叫作"势成之"。势是外界各种情势，逼得我们不得不如此。同样是树，有的长得笔直，有的长得歪斜，为什么呢？因为树上面有一个大石头，把它挡住了，树又不能移动，只能往外面弯曲，找到成长的空间。所以同样的树种，会有不同的形态，而不是每个长得都一样。照理说，如果不受外界环境影响的话，每个都一样，但是现在，外界给它很多阻碍，使它不得不改道而行，稍微变成不同的形状。一个叫形，一个叫势。我们常常讲，形势是比人强的，这种形势，每一种动植物都会遭遇到，因此老子就下个结论：是以万物莫不尊道而贵德。万事万物自己都很清楚，我是从道来，我所得到的只不过是其中的一部分，因此它很自然地就会尊道而贵德。"贵德"就是很珍贵我所得到的这一部分。我们常常讲，好不容易做一个人，那就要好好有个人样，好好把人品做

> 好不容易做一个人，那就要好好有个人样，好好把人品做出来。人品就是你的德。
> ——《道德经》的智慧

出来。人品就是你的德。

人品，也就是我们常说的"德行"，老子在五十一章中充分阐释了道与德的宝贵特性之后，最后强调说"是谓玄德"。玄德，在道德经中多次出现，刘备也以此为字，是谓刘玄德。但是究竟什么样的德行，才是"玄德"呢？

道之尊，德之贵，夫莫之命而常自然。老子从另外一个角度告诉我们，为什么道很值得我们遵从，德很值得我们珍惜，把它当成宝贝来看待。因为它们对我们从来不发号施令，从来不对我们下主宰的命令，只是让我们自然地、自由自在地去发挥，这才难得。基督教认为上帝创造出人，认为上帝高高在上，是造物主。而我们所讲的道，没有这种意识，它从来不说我把你造出来，你要听我的，不然我就下戒律。我们从来没有戒律，孔子没有下戒律，老子没有下戒律，他们只有劝告，你要听也罢，不听也罢，他们都无所谓。这不是不尽责任，而是尊重我们。所以我们每一个人读完《道德经》这一章之后，更应该自律、自重、自爱，然后好好修自己的德。

老子又告诉我们：**故道生之，德畜之。长之育之，亭之毒之，养之覆之。生而不有，为而不恃，长而不宰，是谓"玄德"**。他说，希望大家能够记住，道把我们生出来，我们所得到的道的那一部分，帮助我们不断地去发展。"长之"，使我们成长；"育之"，让我们发育；"亭之"，让我们定形；"毒之"，让我们造成自己不同的形势。因为我们每个人成长环境不一样，从小所吃的东西、所受的教育，也不太相同，这就叫毒。你要接受你自己，不要老跟别人比，不要老觉得自己不如别人，

曾仕强详解道德经：德经

不需要总是抱怨。"养之"，让我们得到所需要的食物的营养。"覆之"，让我们获得所需要的保护。道对我们的态度更值得我们感念，因为它"生而不有"。道把我们生出来，但不占有我们，它让我们自己去生活。"为而不恃"，它替我们做了很多事情，但从来没有在我们面前讲过，你看我帮你多少忙，我有多大能力，要不是有我的话，你不会有今天。"长而不宰"，它让我们顺利成长，有自己的抱负，去做自己的工作，从来不主宰我们。

老子说这就是我们常说的玄德，就是刘备刘玄德中那两个字，叫作玄德。生为长，都是功成，可见老子其实也不反对说功要成，不反对有成就的功劳。但是他马上告诉我们，不有、不恃，然后不宰，所以我们把生而不有、为而不恃、长而不宰，合并成四个字，叫作功成不居。我把他生下来，帮助他成长，养育他，教育他，但是过去就过去了，我会忘记，不是说你以后要怎么回报我，而且我的所作所为也没有留下记录。

其实现在有很多父母很奇怪，小孩子刚生下来，你也没征求他的同意，老实讲你征求他同意，也没有用，因为他也不知道。很多父母喜欢拍孩子的裸照，从小拍很多很多，然后到处去传播，难道孩子没有基本人权吗？为什么不想一想，你有这个权力吗？

读完这一章，我们就知道了，大人也应该反思，也应该想想自己，是不是我们做得太不像样了，我们将来怎么去面对小孩子长大以后的感觉。

曾仕强详解道德经：德经·第二十三集

老子强调"道法自然",并在《道德经》第五十二章中指出了道法自然的具体方法:塞其兑,闭其门,终身不勤。开其兑,济其事,终身不救。这几句话是什么意思?为什么说如果明白这几点,就可以在纷乱变化的社会中,做到"以不变应万变"呢?《道德经》第五十三章中说宫殿越华丽,朝政越腐败,以至田园荒芜,国库空虚,并指出这些现象"是为盗夸,非道也哉"。老子的这些话,对于现代社会有哪些重要的意义呢?

第二十三集

《道德经》第五十二章，老子说：**天下有始，以为天下母**。他告诉我们，天下万物都是"道"所生，所以"道"就是天下的本源，天下万物的开始。因此，我们可以把"道"称为天下万物共同的母亲，叫作"天下母"。

有一句话，大家都非常熟悉，叫作"道法自然"。"道"要怎么样才能"法自然"呢？这一篇，老子就想把它的规则说清楚，当然要完全说得很清楚，也不容易，还是要靠我们一步一步去领悟。

"道"虽然看不见、摸不着，但是我们从第一章读到现在，脑海里面应该很明白，它是万物的本源，也就是我们现在所讲的本体。因此，老子说：**既得其母，以知其子**。你既然找到了万物共同的根源，既然知道宇宙是有一个本体在的，你就应该从这个本源，来看到它所产生出来的一切一切的现象。我们眼睛所能看到的，只是现象不是本体，只是儿子不是妈妈。你看到儿子，就知道儿子是妈妈所生的，那就不应该停止在现象的部分，而应该去寻找生出这些现象的本体。

我们一般人没有这个习惯，整天在现象当中打转，总觉得一切都是变动不居的，都是摸不清楚的，因此就慢慢养成一种坏习惯，叫作随波逐流。随波逐流还没有关系，最后变成投机取巧、同流合污，那就不是好现象了。"道"是不会变的，所以现在，我们常常喜欢讲一句话，而且还总觉得自己讲得很有道理，叫作"一切一切都在变，只有变是唯一不变的"。其实这句话是非常

曾仕强详解道德经：德经

有问题的，因为本体是不变的，唯一不变的是"不变"，而不是"变"。"变"是现象，现象背后是本体，现象是万变的，但是本体是不变的。所以我们还是要再说一遍，"以不变应万变"才是正确的，不要随便去改动它，说什么"以万变应万变"，那是没有原则的，那是随着现象迷失了自己，是不应该的。

老子接着告诉我们：**既知其子，复守其母**。你既然看到了现象，也知道现象只不过是儿子，就应该回归到本源，就应该去守住道，守住妈妈，而不是老在儿子身上打主意。这样的话，你就会有一个很好的成绩，叫作**没身不殆**。"没"是没有，你的肉身没有了，就是这一生结束了，所以"没身不殆"就是终其一生都不会有危险。"道"，是最会保护我们的。当你跟"道"在一起的时候，就不会置自己于死地，就算你真的置自己于死地，也没有生死的感觉，也不会害怕死，反而这样就有活的机会。

这一篇告诉我们，现象背后有一个本体，那个本体是恒久不变的，可以让你很安心、很稳定，所以一定要好好去守住。怎么守？就是法则，就是你的"道"要"法自然"。

现代社会不仅更加变化无常，而且处处充满了诱惑，令人无所适从。我们应该怎样做，才能透过现象，看到隐藏其后的，那个不变的本体，从而做到"以不变应万变"。"道法自然"有没有具体的方法呢？

下面老子就给我们讲了具体的方法：**塞其兑，闭其门，终身不勤**。"塞"就是堵塞，"兑"就是眼睛。眼睛看了，心很喜悦，那你就容易受到外界的引诱，所以老子告诉我们，你要阻塞住让你很喜悦的主要来源——眼睛。他要我们目不妄视，这跟

第二十三集

孔子所讲的非礼勿视，其实是同样的道理。我们养生时，只要有机会就要闭目养神，就是"塞其兑"。你要维持自己内心的安宁与虚静，因为眼睛看到，心就会动，心动就会行动，恐怕就有危险。这就违反老子所讲的原则，你怎么可以随便动心呢？动心也要赶快控制住，不要马上就行动。

"闭其门"，"闭"是关闭，"门"是口，就是嘴巴。所有的事情，都是嘴巴闯出来的祸。

目、口就是你的情欲的通道，自己要控制住。人都会不自觉地想做一些自己都感觉到将来想起来会脸红的事情。眼睛看到的，嘴巴说出来的，都是情欲的门禁，情欲的道路。情绪如果不从这里进来，它就无从进来，如果进不来，你内心就很安宁，就很虚静，就不会产生那种不必要的情欲，那你就会"终身不勤"。"勤"是勤劳，"终生不勤"即终身都不忧苦。为什么勤劳会跟忧苦，是同样解释呢？

勤劳常常被称赞为中华民族的传统美德，勤劳努力也常常与成功幸福联系在一起，而老子这里所说的"终身不勤"，却解释为终身不受忧苦，勤劳为何会带来忧苦呢？

你为什么要勤劳？就是怕没有饭吃。你为什么能勤劳？就是怕丢掉工作，赚不到钱。你现在终身不受这些限制，没有这些忧苦，该做就做，那就没必要告诉自己要勤劳，没有必要给自己那么大的压力了。所以"塞其兑，闭其门"，这就是方法，要练习，不停地练习，慢慢变成习惯，那你一辈子就都不用那么忧苦。天天要发奋、要努力，你就能很自然地、自在地过自己的生活。

接下来老子提醒我们，他说大部分的人，都不是这样子的。

曾仕强详解道德经：德经

甚至你反省自己的时候，也会觉得很可笑。我们都是**开其兑**，把眼睛张得大大的，东张西望，到处去看有什么好看的，有什么新奇的，有什么可以拿回家的，拿来用的。**济其事**，我们都在济长内心的情欲，让它不断产生，结果自作自受。**终身不救**，一辈子都没救了，不可救药，那都是自己惹的。所以还是那四个字，自作自受。我们读完这一段，就要反省自己，是要自由自在过生活，还是要动之死地，把自己逼到无路可走。

老子给了我们一些指引，所以他接着就说：**见小曰"明"，守柔曰"强"**。能够看到那些很微细的，才表示你是个耳聪目明的人。一般的聪明其实是不够聪明的，都是假的聪明。但是我们大部分人看到的都是大的东西，不会去看小的。什么叫作明？就是那些不可见的、很微细的东西，那就是道。看得见道的人，才是明白人。你只看到现象，在那儿团团转，就是烦恼人、苦恼人。守柔才叫强，因为"弱者道之用"，守得住柔，就守得住道，守得住道就等于抱住了一，这时候你才真的是强。

用其光，复归其明。运用道的光，运用明的作用，你就会恢复到本源，就会很快从外面把自己拉回来，那就叫作复道。复道就是回归本源，就是西方人常讲的back to basic。不要越跑越远，因为跑得越远，你就知道的越少。

无遗身殃，是谓袭常。这时候我们就恭喜你了，你不会留给自己任何灾害，就是找不到死地。老子说这种状况是谓袭常。我们知道了这种道法自然的法则，不仅知道，更重要的是要去实践，要把它养成习惯。透过知常到用常，然后顺常。最后归于常。顺常就是顺其自然，归于常就是连这些都忘光了，就是说我本来就是这样，生来就是这样，这就是我们经常讲的习以为常。老子用这个"袭"，是要我们加强印象，意思是说你要常常依照常道而行，并养成习惯，根本不必动脑筋，也不必在那里想半天，自然而然地就有那样的表现，这就是习以为常。习以为常的时候，你随时随地都在道法自然，你是最安全的、最自在的、最聪明的，也是真正的强者。

《道德经》第五十三章，老子讲了件非常有趣的事情，他说：**使我介然有知，行于大道，唯施是畏**。"介然"就是忽然，我忽然感觉到，我有新的见解；我突然感觉到，我有好多资讯；我突然感觉到，我突破了很多想象不到的阻碍，我终于有新的思维。这个时候我会非常高兴，非常激动，我想行于大道，我想告诉别人，跟大家分享。然后我就真的在大道上面，同时邀集一帮人，大家一起来实践。这是一般人的现象，但是老子警告我们，这是非常危险的。所以他希望我们记住下面四个字：唯施是畏。这是一种布施，这是一种施与，这是一种奉献，但是要高度戒慎，要十分畏惧，要万分慎重。

> 习以为常的时候，你随时随地都在道法自然，你是最安全的、最自在的、最聪明的，也是真正的强者。
> ——《道德经》的智慧

施与与奉献，在社会中被大力提倡，然而为什么老子却认为，施与的时候，需要怀着畏惧之心？尤其如今处于信息时代，人们在分享信息时，究竟又该警惕些什么呢？

你所知道的，很可能是非常片面的，很可能是虚假不实的，很可能是有人故意造谣的，很可能是传播过程当中产生了很大差错的，那将来的责任算在谁的头上？尤其现在更可怕，用手机传播很快，这样一来就会害死更多的人，因为老子说唯施是畏。切

曾仕强详解道德经：德经

记，你要有所思维，就已经是有为的，就已经是有事的，你就跟道法自然是违背的。道法自然是无为、无事，你是有思、有为、有事，所以我真的奉劝大家，当你要讲给人家某件事的时候，自己要有非常的把握，否则宁可不讲。

大道甚夷，而人好径。大道本来是很平坦易行的。观光大道可以容纳很多人，而且它的设计，就是让你一步一步很好走，很平安，不会跌倒，不会累。但是偏偏大多数人，都好走捷径，都认为那边有更短的路。但是他们不知道那边不好攀登，又有很多根本就没有修好的设施，一不小心还可能出问题，可是他们就喜欢这样，老子当年也是看到了非常多的社会怪现象。

我们今天读《道德经》的时候，真的感到遗憾。人类是越来越向偏道而行，离正道越来越远。所以，我们真的要共同勉励，要十分注意。人好像都有偏道的倾向。小孩子还不知道什么叫左，什么叫右，他分不清楚。你给他一双鞋，他经常是左脚穿到右脚上，右脚穿到左脚上。照理说按数学的比例，是百分之五十的概率，但事实上错的概率大，就很值得我们去想。

如果每一个人一生下来，不需要教导，就自自然然地，一切都上轨道，其实这样并不好。这样人类就没有学习的机会，就没有修炼的机会，那这辈子就白活了，只是来做苦工的。所以我们不要认为这样不好，相反要认为这样才好。因为眼睛喜欢乱看，你才知道非礼勿视。耳朵喜欢乱听，听了就相信，赶快透过嘴巴到处去传播。虽然这是坏习惯，但是大多数人都这样。反者道之动，我们要走相反的路，没有捷径，只有一步一步地学习、改正，才是真实的人生。

《道德经》第五十三章，接下来老子又描述了一种现象：

第二十三集

"朝甚除,田甚芜,仓甚虚"却又"财货有余",这是为什么?这种现象被老子称为"盗夸",我们该怎样理解这个词?透过"盗夸"现象,人们又能收获怎样的为人之道呢?

朝甚除,田甚芜。"朝"是宫殿。朝廷议事的宫殿,是很神圣、很重要的地方。"除"是很污乱。如果因为它破旧而污乱,就不值得说,那是理所当然。老子现在告诉大家,宫殿虽很美很华丽,可是朝政是很污乱的,整天不谈正事,在那里耽误时间。"朝甚除",它们两个是对立的、相反的,宫殿越盖越美,但是里面的人却越来越糟。表面看起来越来越华丽,但里面实际的运作却是越来越腐败。以至于人民有了田地,但也没有办法耕种,所以才会"田甚芜"。"芜"是荒芜、废耕。为什么?因为里面的人动脑筋,一会儿叫老百姓去做这个,一会儿叫老百姓去做那个,不能像孔子所讲的"使民以时",就使得老百姓错过了农耕的时间,然后想要耕种也来不及,最后也无法补救。所以那么宝贵的田地,都让它荒废掉了。这就是朝甚除所导致的恶果。

下面老子又说:**仓甚虚,服文彩,带利剑,厌饮食,财货有余,是为盗夸。非道也哉**!他说国库空虚,财政不是吃紧,根本就是亏空。可是大家还都很讲究服饰的华美、外观的好看;大家好勇斗狠,出门还要带剑;吃东西不仅要饱足,还要东挑西拣满足口感,贪得无厌;搜刮来的钱财、货品用不完。这种现象并不叫道。"非道也哉",不是真正的道,而是盗夸。本来不是我的,把它夺过来,叫盗;抢不了,偷过来,也叫盗。"夸"是夸大,不是真的大,而是要骗取虚假的荣誉。本来就这么多业绩,把它夸大;本来数字就这样,加油加水把它虚伪。这种事情,历史上屡见不鲜。

曾仕强详解道德经：德经

老实讲，今天的人，这种毛病非常大，他们会把自己所得到的一点点儿知识，无限扩充到每个领域。用这个方法，可以做这个，可以做那个，还可以做其他，所以我们有一句话，叫科学万能。科学怎么会万能？这句话也会害死很多人。科学到现在为止，所能做的就是那一小部分，还有太多事情是它无法解答的。我们要知道，自己所知道的是很偏窄的，是单方的，是不通用的，是不全的，是局限性很高的，要不然为什么叫专业。

所以奉劝所有大众传播的人，千万不要随便去普及。要记住，有些东西只能小众传播，不可以大众传播，一定要区隔开来。因为大人可以看的，小孩不一定适合；白天可以看的，晚上不一定适合；平常可以看的，某个时候不一定合适。但是有些人常常会利用目前的形势，刻意去彰显某一种言论，骗了很多人，也害死了大众。

言论一自由，社会就没有公义，千万记住这句话。言论不能不自由，但是度很重要。某些东西在这个时候，可以给你自由，到了另外一个时候，就一定要把它限制起来。我们不是用命令，老子也不是用命令，他是用感化，用无心。所以，每一个人都要很机警地去看时势的变化，而这个时势的变化，不是为私，而是为公。

中山先生当年提倡民主，语重心长地讲过一句话，他说民主不是不可行，而是有一个非常重要而严格的条件、大前提，那就是需要一两位先知先觉的人来引导我们。可见，那一两个人才能够左右整个时代，而不是靠大多数人。所以不要随便用少数服从多数来吓唬人，也不要随便用言论自由来破坏人群社会的秩序。这样，我们就可以把老子所担心的破除掉，从而使社会安宁，使老百姓幸福。

曾仕强详解道德经：德经·第二十四集

《道德经》第五十四章说:"故以身观身,以家观家,以乡观乡,以邦观邦,以天下观天下。"这和孔子的"修身齐家治国平天下"颇为相似。但孔子强调的是"修齐治平",而老子为什么只强调一个"观"字?《道德经》第五十五章又说"含德之厚,比于赤子","赤子"就是婴儿。为什么骨弱筋柔,情智未开的婴儿在老子眼里却是大智慧的象征呢?

第二十四集

我们读了《道德经》就非常清楚,道是与生俱来的,德是我们每一个人修来的,可见德是非常重要的,有德就得而不失。我们常常讲有得有失,就表示我们的这个得是很不稳定的。老子说,德从道中来,它跟道的关系非常密切。我们有什么具体的方法可以把德立起来,而且立得很牢固,不会摇摆不定呢?

老子在第五十四章提出两个具体可行的方法,他说:**善建者不拔,善抱者不脱**。"建"就是建立,建立我们自己的德行。三不朽里面,立德、立功、立言。立德就是这个"建",建立自己的德行。一个很擅长于建立自己德行的人,他会做到两个字:不拔。不拔就是你想任何办法来影响我,都拔除不了我身上良好的德行。人家给你一点儿钱,你的德就不见了;人家升迁你,你的德就不见了;人家给你一点儿好处,人家稍微捧你一下,你的德就不见了。这种人很轻易就拔了。"善建者不拔",一个人是不是真的会立德,要看他是不是迟早被拔掉,还是永久不被拔除,这个自己要去考验。

"善抱者不脱",如果老子讲抱,他一定是"抱一","一"就是道。我们已经讲过了,"一"不等于道,但是"一"可以代表道,一个人把"一"抱得牢牢的,这样就不会离道,更不会叛道。大家也就知道为什么孔老夫子讲吾道一以贯之。如果能够不拔、不脱,做到善建、善抱,那你就是一个很会立德的人。

这样的结果会是**子孙以祭祀不辍**。如果这样,你的子子孙孙对你的祭祀会永远不停断,俗语叫作香火不断。香火不断后来传

曾仕强详解道德经：德经

说一定要有男孩子才能继承，这是走偏了。女孩子也可以祭祀；自己没有子嗣，那别人想到你，别人纪念你，照样可以祭祀。老子这句话的真正意思不在于祭祀，而是你的所作所为，你的典范会世世代代流传，会活在我们炎黄子孙的心中，那就叫精神不朽。一个人做到精神不朽，在历史上立德，我们就会把你的这种精神长期发扬下去，这就是中华文化。

中华文化的主要代表是儒家和道家，老子认为最重要的是"立德"，孔子说要"修身齐家治国平天下"。老子的立德和孔子的修齐治平，有什么不同之处吗？

儒家讲的和道家讲的一样，都是从小到大地发扬，从近的地方做起，慢慢推己及人，这两家的讲法只是用不同方式表达而已。老子说：**修之于身，其德乃真**。你把身、家、国、天下当作修道的试验场，换句话说，你的身体是你修道的试验场，你的家庭是你修道的试验场，整个国家也是你修道的试验场。不管在个人、在家庭、在社区、在国家、在世界，我始终是无为、抱一。从这两方面来修你自己的身体，你所修的德行就是很真实不虚假的，因为你不是做给别人看的。这样大家才能够了解，为什么儒家说以前做学问是为自己做，现在的人做学问是做给别人看的。听起来好像现在的人比较了不起，功德万世，其实不是这样的。你一旦做给别人看，那就是作假，不真实。"其德乃真"，很真诚很率真，没有目的，只是说我本来就应该这样做。

修之于家，其德乃余。把这个道德付诸家庭，你的德行就会很宽裕，宽裕到一家人相处很融洽，不会斤斤计较。我们今天常讲和谐，它的根就在于个人要好好修德，你把自己修好，大家自然就和谐了。

修之于乡，其德乃长。你用抱一、用无为的原则把乡里当作一个修德的实验场，结果会发现整个乡里都改变了。大家很纯朴、很实在、很勤俭、很负责，也不用天天去盯着，他们就会自动自发地把垃圾整理好。这种德行就会慢慢地从邻居开始发展起来，直到整个乡里都焕然一新。

修之于邦，就是拿来处理国事，**其德乃丰**，结果非常充实、圆满。**修之于天下**，那就更豁达了，**其德乃普**，世界上所有的人都会向我们看齐。"普"说明德是无所不在的，它很周严、很普遍。我们常常讲普天同庆、天下太平，不仅仅是人与人之间要和谐相处，国家与国家要和平发展，而且所有动植矿物，我们都要合理地去运用，不可以滥砍滥采，这样的话一切问题都解决了。所以老子最后做了一个小小的结论：大家要用善建、善抱来修身。那要怎么去检验这个结果呢？

老子说检验的方法就是："故以身观身，以家观家，以乡观乡，以邦观邦，以天下观天下。"这里的身、家、乡、邦、天下，与孔子的身、家、国、天下颇为相似。但孔子强调的是"修齐治平"，而老子为什么只强调一个"观"字呢？

故以身观身。如何看自己身修得怎么样？就看你的德行是不是很纯真，是不是很真诚，是不是很率性，是不是完全没有作假，是不是一点儿不虚伪。这个别人是无从看出来的，只有你自己知道，叫作问心无愧。你自己的心不会骗你，没有愧怍，心安理得，那你这个人就修得差不多了。

以家观家。如何看你的家修得怎么样？家人和谐，长幼有

曾仕强详解道德经：德经

序。虽然说是一家人，亲情之外还是有伦理的。老子没有反对孔子的伦理，他只是说不要用伦理来骗来骗去，不要用伦理来使得人与人之间非常虚伪，距离越来越远。换句话说，把伦理提升到道德层面，老子是非常喜欢的。

以乡观乡。你到乡里面去看一看，整个乡里能不能守望相助，能不能彼此互助，能不能互相帮忙。现在越是邻居越容易吵架，越是邻居越是相互看不顺眼，这就是不能无为、不能抱一。

以邦观邦。"邦"，指一个大社区或者大部落，或者是我们今天讲的相当于以前的一个邦的一个省。我们的"省"是不是大家都过小康生活了，有没有照顾到所有的人。

以天下观天下。再放眼看国际之间，有哪个国家是真的想跟你好好相处。

现在的人所讲的话，其实《道德经》全都讲全了。但是老子很谦虚，他说：**吾何以知天下之然哉？以此**。我怎么知道天下的状况是这样的？这就跟前面所讲的话相呼应了，你不出远门，就可以知天下事；你不必从窗格子去看，就可以看到天下。老子告诉我们具体的方法就是一步一步看过去。先看自己，如果自己做不好，其他就不要看了，要先赶快把自己修补好。一个人要修德配天，因为天是最自然的，一点儿也不做作，该乌云的时候就是乌云，该下雨就下雨，不管是什么节日，也不管你是否在晒衣服。你骂它，它也不在乎；你说它好，它还是那个样。那人为什么不能把人德修到跟天德一样？记住这句话，"人德一旦修到天德，你的后天就同于先天"，也就是天人合一了。当你的人德可以配合天德，当你的人道慢慢接近天道，当你后天所有的习染损之又损，损到最后只保留天然的本性，那就真、善、美了。

第二十四集

在《道德经》第五十五章中，老子又做了一个奇特的比喻，他说"含德之厚，比于赤子"，"赤子"就是婴儿。为什么骨弱筋柔、情智未开的婴儿，在老子眼里却是大智慧的象征？含德之厚的"厚"字究竟代表什么呢？

含德之厚，其实就是我们讲的"地道"，就是老子讲的人法地，地法天。这句话告诉我们人先要法地，要踏实，若一下就好高骛远，就想"法"天，太早了一点儿。天是广，地才是厚。无知无欲无求，只有婴儿才做得到，所以老子告诉我们**比于赤子**。刚从妈妈肚子里面生出来的婴儿，那就是厚德载物，一点儿都不虚假。

下面老子形容这个天真无邪的赤子，他所处的环境是**毒虫不螫，猛兽不攫，鸷鸟不搏**。有毒的虫不会去咬他，也不会去叮他；猛兽不会去抓他；凶恶的鸟，不会去扑他。第五十章讲过"陆行不遇兕虎，入军不被甲兵"，这是相对的。对照一看你就知道了，当时就那么形容，现在又一次很具体地告诉我们。还有更妙的：**骨弱筋柔而握固**。婴儿手里面抓着东西，你想把他的手掰开拿出来很难；小孩子反而容易，你吓唬一下他就放开了。婴儿你吓唬他，他也不理你。他的骨很弱，筋很软，但是他怎么能够把东西握得那么紧？**未知牝牡之合而全作**。婴儿刚生出来，他脑海里没有男女交合的意向，他还不懂，但是他小小的生殖器经常会挺起来，为什么？**精之至也**。因为他的精没有受到任何的消耗，他是非常纯真，非常齐全，所以他很自然，人的本能他都可以表现出来。反而越长越大以后，这些事越来越退化了。当然大家千万不要去做实验，把婴儿拿到野外看看毒虫会不会咬他。"精之至也"的意思是说，一个人很抱"一"，很全德的时候，

曾仕强详解道德经：德经

跟所有动植物都是相通的。它看到你好像是它的同道一样，怎么会对你有敌意呢？当你长大以后，你的磁场跟它就完全不一样了，它就开始提防你，其实它不一定要攻击你，只是为了防护自己，才产生很多咬来咬去、拖来拖去、抓来抓去的不信任的现象。而婴儿不会，因为他"精之至也"，他始终保留那一股元气，而且很足。

老子接着又说：**终日号而不嗄，和之至也**。婴儿白天哭，晚上也哭，可声音不会沙哑。而大人多讲话声音就变哑了，哭到最后声音没了，哭不出来了，婴儿不会，为什么？"和之至也"，就是和的功能、和的效果是发挥到最高的，没有损伤。人为什么先天具足，后天节节败退？就是老子讲的那句话，"反者道之动"。一切都是倒过来的，人一出生是个婴儿，无知、无欲、无为，可是慢慢地开始有知、有欲、有为，因为受到外界的引诱，内心产生贪念，内外夹攻，就慢慢走上歧路，走上偏道。然后由明道、正道、行道，才慢慢又把自己返回来，返本归元，这是老子所希望我们做的事情。

让你受到外界的引诱，看你能不能把持住；让你受到内心的冲击，看你怎么去调适，这叫修炼。如果每个人生出来一直到死都跟婴儿一样，那活不了多久，也没办法修。婴儿为什么不动心，为什么元气十足，为什么长大了就不行？因为长大之后心会动，然后元气就受伤，以外伤内，所以不和。

接着老子告诉我们：**知和曰常，知常曰明**。"知和曰常"，知道"和"的效用，就知道什么叫常理。人与人不和，乐器跟乐器不和，里外不和，社会之间彼此不和，国家与国家之间也是不和。不和就是不知常理，一天到晚追求变的东西。"知常曰明"，真正找到常理，你就是个明白的人，内心明白，了然于心，你就知道如何去调理外界的引诱，如何去调节内心的煎熬，那就叫修炼。

接下来，老子说"益生曰祥，心使气曰强"。有人会把"益生"理解为延年益寿，"祥"就是祥瑞。但是在《道德经》中，这个解释是完全错误的。那么正确的答案究竟是什么呢？

益生曰祥。这个"祥"不是吉祥的"祥"。有很多人因为喜欢吉祥，看到"祥"就说这个太好了，认为"益生曰祥"，就是我想办法多吃一点儿保健品，多锻炼，然后身体就会好，其实不是这个意思。

贪生怕死，放纵自己叫"益生"，这里的"祥"解释为灾祸。其实"祥"有两个意思，可以解释为吉祥，也可以解释为灾祸，可见这两个是分不开的。祸福很难分，利害也很难分，它如影随形，都在一起，这是我们中国文字很玄妙的地方。

心使气曰强。用有欲望的心，来驱使你的才能，叫作刚强。我立志要做什么，我一心一意要达到什么目的。但是老子告诉我们：**物壮则老**。刚强以后，后面就是老化了，因为你把你的元气伤了。老就会衰败，衰败就会死亡。因此老子说：**谓之不道**。"不道"就是没有合道，偏离道，然后他的结论很不好听：**不道早已**。不道很快就会死掉，就会消失，就好像狂风，好像骤雨，是不长久的。

所以，如果我们误解了《道德经》的话，最后是害自己。老子不会害我们，老子讲的是常态，讲的是常理，不是天天变花样。你要坚持，别人怎么讲是他的事，因为他根本不了解。尤其今天整个社会商业化，很多人天天给你搞新花样，当你摸不清楚

曾仕强详解道德经：德经

的时候，他们先把钱赚着了，最后你倒霉。凡是伤你元气的，凡是叫你亢奋的，凡是表面上很强烈的，都是强不长久。让你壮，就容易老，老了以后就接近死亡了。如果你太重视自己的身体，往往会适得其反。如果去跟那些真正长寿的人比较一下，你马上可以知道大多数人是走错路的。这是老子整个过程都讲得非常清楚的，大家也可以试试看，不要勉强，一定要自然。

曾仕强详解道德经：德经·第二十五集

老子在《道德经》第五十六章中，提出了一个非常重要的哲学观点："玄同"。我们认为相互对立的生与死、有与无、黑与白、善与恶等等，在老子看来，其实都是相同的，这是为什么呢？《道德经》第五十七章指出："天下多忌讳，而民弥贫；民多利器，国家滋昏；人多伎巧，奇物滋起；法令滋彰，盗贼多有。"为什么两千多年前的社会问题，在现代社会中依然可以看到？针对这些社会问题，老子又提出了哪些重要的治国纲领呢？

第二十五集

《道德经》第五十六章，老子说了两句话，这两句话其实流传得非常广，只不过各有不同的解释。他说：**知者不言，言者不知**。我们最好不要把它解释成，知道你却装成不知道，不说给别人听；不知道，反而拼命去说。老子所讲的知者是明白道的人，你如果是个修道人，是不会到处去讲道的。我们现在不是在传道，而是在解释老子的话，所以不要把它混为一谈。好像我们在讲《道德经》就是在传道，不是这样的。因为老子一开始就告诉我们，道可道非常道。道是不可道的，只有从实际的行为当中去体悟、去验证。所以"知者不言"的意思就是说，如果你真的是个修道人，真的是个明白道的人，就从实际的言行当中去检验你自己，去检验你的家庭，去检验你周遭的人，彼此在实际的活动当中去交流，然后互相精进。而不是一天到晚在讲道是怎么样的，那都是浪费时间。

老子说，你不要花太多时间在言语上面，要怎么做到呢？他给我们提出了具体的方法，叫作**塞其兑，闭其门**。"兑"指的是我们的眼睛，眼睛看到了，你就想讲，所以要把眼睛闭起来。其实不是说真的闭眼，当然闭目养神是一种好的方式，但是长时间把眼睛闭起来，也不太合适。老子真正的用意是说，你要保养精神，不要拼命向外去追逐物欲。所以"塞其兑"，其实最要紧的是不动心。"闭其门"，"门"是嘴巴，嘴巴要闭起来，因为多讲话费精神，会伤害自己，而且言多必失，不知道讲到哪里去了，那更糟糕。老子非常清楚，当一个人得意的时候，最容易随

曾仕强详解道德经：德经

波逐流，最容易得意忘形，最容易忘记了自己是谁，所以常常闯大祸，甚至一发而不可收拾。这是非常不幸的事情，因为一旦有这种毛病，谁也解决不了。

真正的道，必须要**挫其锐，解其纷；和其光，同其尘**。"锐"是很锐利。拿出一把刀，很锐利，大家就会恐惧，会躲得远远的。道的作用是利而不锐。我们中国人最喜欢什么？安全、方便、有效。而道所表现出来的，就是这个样子。"解其纷"，和万物打交道，保持自己的纯一不杂，就不会有纷争。"和其光"，就是道不特别光亮，但跟万物是调和的。老实讲，特别光亮，我们就叫刺眼，刺眼是大家不喜欢的。道不刺眼，不锐利。而更难的是，"同其尘"。尘就是尘埃，就是尘俗，就是三教九流。很多人认为，如果这样，就失去了很多朋友。但是任何人都不知道，你需要什么样的人来帮你忙；你也不知道哪个人是你的贵人，哪个人是来害你的。所以要"同其尘"，要跟任何人都可以打交道，但这并不影响你自己所坚持的那个底线。

老子把"挫其锐，解其纷；和其光，同其尘"，给它一个专有名词，叫作**玄同**。"玄同"，就是人跟天合一。你们看不同，我看相同，这个叫作不同也同。怎么能够不同也同？大家看，有跟无是不同，有就有，无就无。老子认为有无是同，只是不同的名字而已。有就是无，无就是有；生就是死，死就是生。来从哪里来？从生处来。死到哪里去？死到生处去。就是这么一句很简单的话。这样，把生死看作一样的，就叫玄同观。

玄同，是老子非常重要的哲学思想之一，但是很难为一般人所理解，生和死，有和无，黑与白，善与恶，这些都是相互对立的，为什么要看成是相同的呢？

第二十五集

玄同是老子的一种非常重要的观点，所以老子特别又把玄同的境界描述了一下。他说：**故不可得而亲，不可得而疏；不可得而利，不可得而害；不可得而贵，不可得而贱**。一般人有亲疏，但是有了玄同观以后，就没有亲疏。亲也是亲，疏还是亲；一般人有利害，可是有了玄同观以后，就没有利害的分别，利固然是利，害也是利。一般人有贵和贱的分别，贵要好好保存起来，贱要送给别人，或者丢掉。但老子没有。老子是浑同的，浑同万物，因为万物都是道所生。其实从今天科学的DNA里，可以看出来，人跟老鼠、跟牛的DNA几乎是一样的，相差无几。混同万物的人，是没有差别观念的。人跟自然的关系非常亲密，既然这样，就永远疏远不了。

"不可得而利，不可得而害"，非常名贵的宝石，你不开采，它永远在那里，一旦开采，整个矿山就被破坏掉了。"不可得而贵，不可得而贱"，你要求他人以你为贵，你就想办法去讨好别人，想办法作践自己。很多人，想尽办法要大家给他掌声，故意讲一些笑话，得到这样的掌声，又有什么尊贵可言。

老子讲完玄同观以后，他自己很欣赏，所以情不自禁地下了一个结论：**故为天下贵**。他说你哪天修到有玄同观了，你就是天下最珍贵的，你就得"道"了，就永远不被亲疏、利害、贵贱所迷惑、所左右，也不会乱掉自己本来很真的东西。一个石头有什么了不起？小孩不知道那是钻石的时候，他拿来玩耍，也不觉得怎么样。后来知道这是钻石，价值连城，他都不敢给人家看，还常常担心它会丢掉。请问，那有什么意义？我们慢慢可以了解到，老子其实不反对我们用钱去买珍贵的宝石，他只是说，你把

> 老子是浑同的，浑同万物，因为万物都是道所生。
> ——《道德经》的智慧

曾仕强详解道德经：德经

宝石买来以后，宝石的价值就没了，因为大多数人都看不到了，它本来可以给大家欣赏，结果被你闷死在那个抽屉里面。老子反对的是这个结果，而不是那个动作。所以本末真的要分清楚。

《道德经》第五十七章中，老子提出了治国的三个纲领：以正治国，以奇用兵，以无事取天下。为什么"无事"可以取天下？这里的"正"和"奇"又指的是什么呢？

以正治国，以奇用兵，以无事取天下。这个叫作三纲领。老子把历代圣王了不起的地方，值得我们学习的总原则归纳成三个。第一，"以正治国"。正这个字，上面一个一，下面一个止，就是止于"一"，也就是老子所讲的抱一，把道紧紧地抱在一起。止于"一"就叫正，可见正代表的也就是道，也就是以道治国。但是老子说若讲以道治国，很多人听不懂，而且违反了自己的主张，道是不可言说的，所以他才没有用道这个字。"以正治国"，其实就是以道治国，也就是道政合一。我们从轩辕黄帝开始，一直就是道政合一。

第二，"以奇用兵"。奇是出乎意料的，它可以用多方面的技术、多方面的方式，但前提是要合乎道。不合乎道的不叫奇，叫邪。不要以为说，打仗的时候，就可以奸诈、阴险、耍阴谋，那不可以。老子讲正的时候，是包括奇在里面的；讲奇的时候，是包括正在里面的。想要正，有时候要用奇的方法，才有可能正；想要奇，也不能违反正，否则就变邪道了，那不是军队，而是强盗。所以我们读老子的书，就要站在老子的立场。"以正治国，以奇用兵"，他的意思就是说，治国有正有奇，但是以正的比例大一点儿。用兵有奇有正，但是以奇的部分多一些。

第二十五集

第三，"以无事取天下"。我本来就没有要取天下的意思，我只是让万物都按着它的本性，自由去发展。"无事"就是无为，我既没有说，我有心要取天下；我也没有说，我要发愤把天下治理成什么样子，更没有那种企图把天下留给我的儿子。"取"可以有两个解释，一个是夺取，我把天下从人家手中抢过来。一个是治理，我被推上这个位置，那我不得不治理了。所以"以无事取天下"，不管你采取什么形式，只要在这个位置，那就好好做。历代都是这样，大仗之后，要与民休息，然后养兵千日，用在一时，可见都是在变动的。那变动是谁在决定？如果是我在决定，那就错了，我怎么可以那么霸道？这是大家的需要，是自然的趋势，我只是顺着这个自然，把它推动起来，这就叫作"以无事取天下"。

吾何以知其然哉？老子常常反问自己说，我们怎么知道这才是最好的圣王呢？**以此**。下面他就举了一些例子。

老子在提出了治国的三个纲领之后，列举了一些社会现象：天下多忌讳，而民弥贫；民多利器，国家滋昏；人多伎巧，奇物滋起；法令滋彰，盗贼多有。令人惊奇的是，两千多年前的这些社会现象，现代社会中仍然存在，这说明了什么问题呢？

这八句话，是老子观察到的现象。他就是根据这些现象，然后才讲出圣王三纲领。

天下多忌讳，而民弥贫。天下禁令太多，做一件事情，要重重的关卡，要办很多手续，这不是浪费成本吗？这不就增加了很多无所事事的人吗？从而使老百姓越来越贫困。

民多利器，国家滋昏。"利器"就是知识。老百姓的知识越

曾仕强详解道德经：德经

多，脑筋越复杂，花样越多。他就开始跟制度去对抗，开始钻法律漏洞，同时用利己来伤人。以前，民智未开，国家很好治理，但知识普及以后，大家七嘴八舌，什么意见都有，每个人都为了自己，不顾公家的利益，就使得整个国家越来越纷乱。这样我们才能够了解为什么老子一直认为君王不要一味强调知识的重要性，而应该多重视德行的提高。我们现在的教育几乎都偏重于知识，连老师都不肯提品德，这是人类很大的危机。

人多伎巧。这个伎跟科技的技是一样的意思，即很会耍技巧。一个杯子可以用就好了，为什么要搞成各种花样？因为这样才能刺激大家的物欲，一刺激大家的物欲，人的心灵就空虚了。有一利，必有一弊，我们把人越推向外面的物欲，他的内心越空虚，内心空虚，正就不见了，就邪了，那就无法以正治国。你法令越多，他越想办法动脑筋，来牟取私利，他永远跟你对立，永远跟你唱反调，永远跟你采取相反的立场，你不是就很累吗？

奇物滋起，就是说那些邪门歪理越来越多，然后大量地生产奇形怪状的东西。大家现在看看我们的社会，过度生产，过度消费，最后就是浪费资源，有必要吗？我们工艺发达，各种设计推陈出新，各种材质各有不同，弄得大家眼花缭乱。但是我们没有想到，后果就是诈骗的花样越来越多，越来越新奇，手法越来越真假莫辨，令人防不胜防。

法令滋彰，盗贼多有。于是我们就加强取缔，增加法令，但是，法令永远只能治标，无法治本。要治本很简单，只有加强儒家伦理，只有倡导道家少思寡欲，否则法律是不管用的。你能禁止大家不能买超过三双鞋子吗？法令越严苛，盗贼反而越多，你判一个人死刑，相同的十几个又出来了。比

——《道德经》的智慧

法令永远只能治标，无法治本。

第二十五集

如吸毒的人，越抓好像吸毒的人越多。本来没有多少人在生产毒品，我们抓得越紧，他们就越逃，结果搞得到处都是，这些都是很实在的现象。老子当年就说"法令滋彰，盗贼多有"。"彰"就是彰显，"滋"就是多。多如牛毛的法令，连执法人都记不住，可是盗贼却越来越多，而且花样出新。

从老子的时代到现在，一切一切都变了，但是人性并没有变，所以许多社会问题，仍然以不同的形式存在着。对于这些问题，老子不仅提出了治国的三个纲领，还提出了四个要目，老子是怎么说的呢？

老子没有说，我说什么，而是说圣人说了这些话，大家听听看。**故圣人云：**"**我无为，而民自化；我好静，而民自正；我无事，而民自富；我无欲，而民自朴。**""我无为，而民自化"，我不自以为是，我只是顺着时代的需要去推行政务，我以百姓心为心。我们已经讲过了，这不是顺应民意，不要讲得那么好听，那是做不到的。你用你的德行，人家感觉你做的是对的，这就叫无为。而百姓就会自然顺着个性去发展。

我们一直说中国人的脑筋很清醒。尤其我们有一句话，深扎在我们的血液里面，叫作识时务者为俊杰。不要把这句话解释为我投机取巧，假装顺应，然后从中取利。识时务者为俊杰，就是说我这个时候，再不按着现在的状况来适应的话，只会自讨苦吃。所以我要赶快自我调整，这就叫自化。老百姓自动地去调整自己，就好像上面没有在做什么一样。"我好静，而民自正"，我不躁动，按部就班，循序渐进，一步一步来，给老百姓以时间，让他从歪邪处自我导正。民正了，民风自然纯正，这只要一

曾仕强详解道德经：德经

两个人就够了。"我无事，而民自富"，我不制造事端，不给老百姓添麻烦，老百姓自然会想办法去谋生，去改善生活。我们历朝历代，只要给老百姓时间，他们很会靠山吃山，靠水吃水，家传有什么功夫，也很快会施展出来，生活就改善了。"我无欲，而民自朴"，只要我自己朴素，不穿名牌，不常摆阔，不奢侈，老百姓自然就朴素了。

读了这章以后，我们深深感觉到，老子所讲的并不是理想，而是的的确确可以做到的。

曾仕强详解道德经：德经·第二十六集

《道德经》第五十八章说："祸兮，福之所倚；福兮，祸之所伏。"人们常常习惯于求福避祸，老子为什么却说，祸中有福，福中有祸？俗话说：塞翁失马，焉知非福。祸中为什么会有福？福中又为什么隐藏着祸呢？《道德经》第五十九章讲："治人事天，莫若啬。"啬指的是什么？为什么能够"治人事天"？而"重积德，则无不克"，又说明了什么道理呢？

第二十六集

大家都说"无为而治"是老子的特色,"无为而治"在老子看来,就是把所有治理上的问题,从根本上化解掉。

第五十八章,老子是这么形容的:**其政闷闷,其民淳淳;其政察察,其民缺缺**。他说从现象来看,为政者无为无事,闷然少说话,看来好像很晦暗不明。实际上,他的老百姓很宽厚,他们心中有数,会自己管好自己,会按照自己所体会的,自动自发地去调整步伐,来配合整个时代的演变。"闷闷"就是无为、无事、无需。好静无欲的具体表现就是闷闷的。相反,"其政察察",真假分得很清楚,好坏分得很清楚,这就是我们今天讲的赏罚分明,是非明辨。越是这样,"其民缺缺",老百姓的德行越来越有缺失。老子不反对儒家的求仁求义、讲信讲礼,只是他很担心在这种情况之下,伪君子一大堆,表面上看起来是正人君子,结果后面乌七八糟的什么事情都有。实在做到的却受到伤害,而那些假冒的人反而得到很多好处。因此他说我们千万不要看到大善人,就认为他真的是好人。相反,大善人后面另有企图,这才是最可恶的。所以他才从另外一个角度来告诉我们怎么样治本。

祸兮,福之所倚;福兮,祸之所伏。孰知其极?其无正也。祸福是变动的,现在看起来是祸,不久之后会发现,原来是福。现在看起来是福,过后才知道原来这是祸。我们都知道祸福是会变动的,但是谁都不知道祸福是怎么变动的。

"其无正也",它没有一定的规律,是随机的,是不固定

曾仕强详解道德经：德经

的，因为当中有太多因素。以前老觉得他找你麻烦，后来才知道幸亏他老找你麻烦，不然你现在被抓去了；以前老觉得他照顾你，现在被关在牢里面才知道都是他害的。

比如，历史上，和珅被乾隆重用到最后，变成了大坏蛋。和珅原本是一个非常正派的人，最讨厌腐败，如果乾隆不那么重用他，最终他也不会变成了大贪污官。

"福兮，祸之所伏"，福跟祸是互相依附的，你根本看不出来，害你的人原来是你的贵人，对你好的人原来是你的仇人。等到你完全明白了，都已经时过，挽回不了了。要怪就怪自己不好好修道。老子把政治的现象归纳成这个道理，就是说表面看起来，政治非常地上轨道，但是老百姓却越来越糟糕。大家可以看到，有钱人就没有祖国，政府要收我的税，我就把公司迁到国外去；政府不让我做这种事情，我就到国外去做；最后你逼得我急了，我干脆就移民，这都是事实。

法治治标，完全不能治本，但法治是非常重要的。我们必须要以法治做基础，然后提升到礼治，然后到仁治，最后是以道治国，那是最高的。大家要有这样的认识，自然会一步一步提高，我们共同努力，这才是老子写《道德经》最根本的原因。因为他当年在洛阳，是"图书馆馆长"。老子看了很多书，当时的朝政，他都清清楚楚，大家在那里大声疾呼，要这样要那样，结果搞得一团糟。他深深体悟到，再这样下去人类实在是很不幸。但是我们很惭愧，因为他写《道德经》已经两千多年了，我们还没有完全了解他真正的用意，所以

> 我们必须要以法治做基础，然后提升到礼治，然后到仁治，最后是以道治国，那是最高的。
> ——《道德经》的智慧

第二十六集

我们也应该反省，也应该恢复他真正的意思，然后一步一步去推行。谁知道祸福的究竟呢？没有人知道，只有天知道，当有一天你能够做到天人合一了，那你也知"道"了。

老子接着说：**正复为奇，善复为妖**。我们做的事情刚开始都是很正向、很正面的，可是走着走着，就走反了，这是什么道理？

正所谓一阴一阳之谓道，祸福、正邪、善恶犹如一枚硬币的两面既对立而又互生。所以老子才有"正复为奇，善复为妖。人之迷，其日固久"的感慨。那么，在现实生活中正变为邪，善转为恶的根本原因究竟是什么呢？

我们定一个政治标准，一个善的规格，一个美的典范，那就叫正，可是做不到的人呢？做不到有一条路，就是做假，于是做假的越来越多。他就开始仿冒你，开始用你的正式标志去贴在他根本就不正的货品上面，你能够每样检验吗？我请问各位，一家医生诊所里挂了一个证件：他是哪个医学院的，甚至他是医学博士。你会相信吗？我不知道你会不会相信，在外国是可以相信的，因为他们不敢伪造。在我们这里，毕业证书要盖章，而在国外，它就是一张很普通的连签名都没有的纸。外国人走的路就是，只要你有一次不守信用，后果非常严重，而我们这里做不到。有很多东西不是好不好，而是做不做得到。有太多的因素，使我们做不到。所以为什么西方的东西不能拿到我们中国来照搬照抄？因为中国人的脑筋是很复杂的。

"正复为奇"，一个人正面一段时间，就会产生很多负面的东西。"善复为妖"，善行最后也会变成邪恶。明明是善行，但有人就假借它来做邪恶的事情。就好比每一次救灾，都有很多人

111

曾仕强详解道德经：德经

把大家捐出来的钱中饱私囊，或者挪移用途去搞别的。明明赈灾的东西非常之多，但是灾民所得到的非常有限，这是令人痛心的事情。就是因为我们不能够像老子那样把末去掉，这些花样其实是末端的，它的根本就是有欲、有贪念、有私。

因此，老子也很感慨：**人之迷，其日固久**。他说人从古到现在已经迷失了方向，迷失了真相。方向在哪里不知道，真相在哪里搞不清楚，而执着于表面的是非，执着于自以为是的祸福，执着于自己所高兴的善恶，而你说的善恶完全是你自己的标准。凡是我们家里面的人被抓去关起来，我们一定说司法不公，凡是隔壁那个家伙被抓去，我们就说司法是公正的。为什么对自己和对别人永远是两套标准？就是老子所讲的那些东西去除不掉。"迷"可以解释为迷惑，也可以解释为迷信，最后就是迷失。人类迷失得太久了，所以很固，"固"就是很难改变。多少人苦口婆心，不停地在讲，大家听归听，听完就算了，能够做到的太少。

老子在四十六章中说过：祸莫大于不知足；咎莫大于欲得。在纷繁复杂的人世间，人的欲望太多，难免会邪正不分，善恶颠倒。那么老子接着提出四个点——方而不割，廉而不刿，直而不肆，光而不耀，能对我们有哪些帮助呢？

是以圣人方而不割，廉而不刿，直而不肆，光而不耀。圣人很方正，但是他很圆通，自己有一套原则，他会因为周遭的东西，来跟大家发展这种推移，就是我们表面所讲的推拖拉的功夫，他的这种功夫很深。这个不是坏，而是妥善地应用。因为圣人很坚持。你的原则别人不一定听得懂，别人也不一定认同，就

第二十六集

算认同，也不一定心服，所以你只能管自己，无法管别人。你太方正了，就跟别人格格不入，就伤害了别人，反而不能发挥自己的影响力，于是在那里自我标榜，用今天的话叫作自我感觉良好，完全没有用的。所以一定要"方而不割"，虽然很方，但是不会去刺伤别人，不会去宰割别人，不会让人受伤，即外面很圆通，这就是我们标准的内方外圆。"方而不割"，就是里面很坚持原则，但是外面很圆通。

"廉而不刿"，"刿"是伤害的意思。我很清廉，但是我又很亲近，我无为，不会到处去说。你自己做，这是你的本分，别人要不要学你，这是他的事，你不要为了表扬自己，就到处去伤害别人。清廉是好事，但是因为你的清廉，你就开始急躁，开始张扬，开始拿别人来做自己的垫底，这会伤害到别人，就不好了。

"直而不肆"，"直"是很正直，但是绝对不放肆。内心很诚信、很坦直的人最容易出口伤人。伤害人以后就说没有办法，我太直了，我讲话不会拐弯，我就是这个样子，还标榜自己正直，那就不好了。凡是使人难看的，都要靠自己去修整自己，那才是本，否则都是末。

"光而不耀"，你有光芒，但不要去刺激别人，不要让人家的眼睛受到你的照耀而感觉到受不了。不彰显自己的功劳，不到处去吹嘘。

我们读完这章，应该可以非常清楚，天下只有一种人，他不会"正复为奇，善复为妖"，这种人是谁？就是没有自己的人。这种人很难，但是我们一定要尽量地提升自己，不要老为自己想，不要一开口就是我怎么样，那就是"正复为奇，善复为妖"，这种人很可怕。无我，没有一样是为了我自己，就不会

曾仕强详解道德经：德经

"正复为奇，善复为妖"了。

《道德经》第五十九章："治人事天，莫若啬。"这里的"啬"是什么意思？为什么能够成为治人事天的基础？又为什么说"啬"是养生、为政的共同原则呢？

《道德经》第五十九章，老子告诉我们天道为什么能够生生不息的原因。虽然天长地久，但是人是有一定的寿命的，人再怎么样也没有办法像天地那么长久。天地为什么这么长久呢？其实老子从为政跟养生这两方面做例子，来告诉我们怎么把自己修得跟天越来越接近。完全相等是不可能的，但越来越接近是可以的。他告诉我们，为政要修道，养生也要修道。

修道要从两个方面，一个叫为政，一个叫养生。其实现代的人，每一个人都在为政。因为"政"就是为人民服务，各行各业最后其实都是为人民服务的，这是现代人应该有的觉悟。为人民服务不完全是政府官员的专业职责，我们也有分的，这就是社会责任。所以我们只要有为人民服务的心，就可以修道了。养生也一样，如果养生的目的是为了活得久一点，那你绝对达不到目的。我养生的目的是为了修道，我有更长的一点儿时间，才能修得更好，这个可能性是比较大的，各位真的可以试一试。

《道德经》第五十九章，老子就告诉我们，真的要修道，在为政方面，在养生方面，都要注意，他给我们的原则是什么？**治人事天，莫若啬**。为人民服务叫治人，养生叫事天。我治人不是想管人，只是想为人民服务；我事天，不是想跟天老爷拉近关系，他给我一些好处，而是为了我自己修道。治理人事，事奉天，一个为政，一个养生，这就是道场，就是我们修炼的地方。只有一个共同的原则，一个字而已，就是"啬"。这一个字，不是"吝"而是"啬"，"啬"就是寡欲，就是归常，即要归到正常的常。再深入一点儿去解释，就叫深藏不露，就叫锋芒不毕露。很多年轻人有疑惑，为什么要深藏不露，为什么不能锋芒毕露？答案很简单，就是你不要耗尽自己的才气，很多人年纪轻轻才气就用尽了。治人事天，是我们修道的两大领域，莫若"啬"，就记住这一个字就好了，保养自己的元气，这样才能生生不息。

夫唯啬，是谓早服。只有啬这个字才能让我们早服，就是提早服从于道的意思。你整天在那里表现，然后得意忘形，就迷失了自己，还有时间修道吗？很多人讲赚钱还来不及呢，没有时间修道，这倒是真话，那就一辈子变成钱财的奴隶了。工作做不完，也没有时间修道，你已把你的缺失说出来了，只是你不知道这是缺失，还认为这是自己了不起的地方。"早服"，就是让自己提早能够服从于道。服从于道就是降服自己的欲望，降服自己的自私自利，降服自己的要表现、要占有。这就叫啬，这样才能够以道，越早越好。为什么加上一个"早"字？《易经》有一个复卦，乾坤是大父母卦，复卦是小父母卦。它告诉我们不远复，就是你做错了，不要跑得太远，不要太离谱，稍微离开一点儿，赶快拉回来，稍微错失一点儿，赶快拉回来，这叫"早服"。

《道德经》接着说："重积德，则无不克；无不克，则莫知其极；莫知其极，可以有国。""积德"就能够"无不克"，甚至"可以有国"，看不见摸不着的道德，真的有这么大的力量

曾仕强详解道德经：德经

吗？老子所说的"有国之母"又是什么意思呢？

老子说：**早服，谓之重积德**。"重"就是多、深，"积德"就是把德行累积起来。积德是要一步一步来的，由少而多，由浅而深，慢慢地加强。**重积德，则无不克**。一个人只要德行越来越多，累积得越来越深，就无不为，就慢慢体会到无为好像真的可以无不为，否则不是不相信，就是照抄、照说，没有很深的感受。因为你总想有为，总觉得无为是骗人的，是说好听的，有为才是真的。你自己要体会，要实践，有为的力量再大，也有极限，只有无为的力量是没有极限的。**无不克，则莫知其极**。如果把无为的力量发挥出来，到了无不为，那就不知道极限在哪里。你知道我已经穷尽了，再也没有办法，全身力量都用光了，我们常讲连吃奶的那点儿力都耗尽了，很多人是这样，那是因为你喜欢有为，看不起无为。

老子接着说：**莫知其极，可以有国；有国之母，可以长久。是谓深根固柢，长生久视之道**。如果你发现无为的力量比有为还大，大到没有极限，你自然而然就会被推到君王这个位置，那是天定的，因为那是大位，你就可以有国。这个时候，你还要用无为来治国，才是掌握到了根本。"母"就是道，"有国之母"，即治国之道，也就是治国的根本。一个"生"字，就是要照顾老百姓的生活，使整个国家充满生气。同时，这个"生"是从畜来的，你要畜它才可以长久。你很自然而然地登上大位，这个时候用道来治国，就可以长长久久。老子把它叫作"深根固柢"，也就是我们常讲的根深蒂固，二者是一样的意思。换句话说，就是基础为稳，可以放心地去做长生久视之道，也就是长远地和平发

第二十六集

展,持续地绵绵不断。这是从修身到齐家,到治国,到平天下,一以贯之的大道理。大家可以回到第十六章,"知常容,容乃公,公乃全,全乃天,天乃道,道乃久",就是在讲一以贯之的发展。天长地久就是长生久视,它的道理是相同的,大家最好用心去感悟,而不是用耳朵去判断。

曾仕强详解道德经：德经·第二十七集

老子关于治国最有名的一句话,就是《道德经》第六十章讲的:"治大国,若烹小鲜。"治理一个大国是件很复杂的事,而烹饪一条小鱼是件很简单的事,为什么老子会把这两件事相提并论呢?《道德经》第六十一章进一步讲了大国应该如何外交:"大国者下流,天下之牝,天下之交也。"这里的"下流"是什么意思?在当今复杂的国际形势下,老子的这些话又能给我们哪些宝贵的启迪呢?

第二十七集

《道德经》第六十章，老子讲了一句大家非常熟悉的话：**治大国，若烹小鲜**。一个很大的国家，你要治理它，把它当作你在烹调一条小鱼就好了。鱼如果很大，你就很放心地翻过来翻过去，因为它的肉质多半比较硬，不会怎么样，可是鱼如果很小的话，经不起几下翻腾，它就烂掉了。所以，烹小鲜最要紧的就是不要老去搅动它，因为搅到最后鱼就烂掉了。同理，治大国，就是不要老去干扰老百姓。

怎么能够做得到呢？老子提出了几个原则，就是无事、无为、不扰、不言，国家自然就治得好好的，老百姓自然也就安居乐业。老子说要做到这些只有一句话：**以道莅天下**。就是道政合一，用道来治理天下。这样不仅跟你的干部很融洽，同心协力，而且跟你的百姓也能够上下同心，同时跟万物都好像可以步调一样，顺时间的运行而自然运作。

如果你真的做到以道莅天下，下面那种状况就很神气：**其鬼不神。非其鬼不神，其神不伤人；非其神不伤人，圣人亦不伤人**。大家一听觉得圣人怎么会伤人呢，伤人就不叫圣人了。其实圣人也常常伤人，圣人说我要推行仁政，那去做就是了，不要讲就不会伤人了，一天到晚讲那就伤人了。所以圣人可能没有意识要伤人，但实际上常常伤人。我们从小就被教导要读圣贤书，要敬畏圣贤，这对我们构成很大的压力，听到圣人就肃然起敬，反而不敢亲近他。所以我们对孔子、对老子始终隔得远远的，只知道有其人，只知道有其书，却不会主动去了解他们，这也就是圣

曾仕强详解道德经：德经

人在伤人。圣人伤人不一定是自己出力去伤人，别人借他之力来伤人，最后还是他的罪过，因为他得承担这个后果。

《道德经》第六十章除了谈到圣人，还说到了鬼神，那么"其鬼不神，非其鬼不神，其神不伤人"。这句话究竟是什么意思？这世界上真的有鬼神吗？

"以道莅天下"，用道来调和万物，天下自然同步进行。"其鬼不神"，鬼就是社会上黑暗的一面，我们也将它叫作黑社会，叫作恶势力。"其鬼不神"，鬼也不会害人。"非其鬼不神"，"非"就是非干不当，黑社会它不会乱来。"其神不伤人"，"神"就是白道。社会有黑白两道，不要以为说只有黑道才伤人，白道也经常伤人。黑道不乱动，白道也不敢张扬，也不敢标榜自己，因为一标榜就起冲突，只要起冲突老百姓就受害了。"非其神不伤人，圣人亦不伤人"，不但规规矩矩的人不敢在那里自我表扬，到处夸张，搞出很多的活动来表示与众不同，连至高无上的圣人也不会伤人。

结论很简单：**夫两不相伤，故德交归焉**。神不伤人，圣人不伤人，神鬼跟圣人也不互相斗。其实他们也经常互相斗，圣人的目的是要把神鬼收服掉，神鬼不服，自古以来就是这样子。你有什么办法让他们彼此不相伤，各安其位？大家在一起，其实只要做到一点儿就完全没有事了。"交归"，就是一起、不约而同地回归到无欲、无为的大道。这才是治本之道，才能根本防止祸患，才能在外面没有欲望，在里面没有畏惧。你为什么会畏惧呢？怕死你才会求鬼神，怕穷你才会怕鬼神，你做贼才会怕这个怕那个，因为心虚。

第二十七集

我们慢慢去体会,老子为什么用鱼来做比喻。我们可以明白,人在道中,就好像鱼在水中一样,鱼没有感觉到水,才是自在的,一旦感觉到水,大概就没命了。

"治大国,若烹小鲜"就是告诉统治者:别折腾百姓。最好的政治,就像鱼感觉不到水的存在一样,让老百姓感觉不到政治的存在。如果不断地搞政治运动,不断地以各种方式去"教育"老百姓,很可能会适得其反。

我们最起码在人格上是平等的,所以不要一天到晚教人家这样,教人家那样。我们都是讲道理,你要不要听,自己看着办,这是最好的办法。天下百姓自然生,自然死,每个人自作自受,大家清楚这点,就会选择了。人生就是一连串选择的过程,所有的缺失都是选择错误、选择不当所造成的恶果。我们不要老告诉他你要选这里,你要选那里,我们要说你自己选,是为自己好,不是为我好,也不是为别人好,因为后果完全由自己负责。这样他就很规矩、很认真地去选,他比谁都紧张,因为是他自己要为自己操劳,不是被逼的。

鱼在水中没有压力,鱼要不要感谢水?不要,因为水是水,鱼是鱼,水也没有要鱼感谢,他们没有纠纷。像我们刚才说的,"治大国,若烹小鲜",可见老子讲的每句话都是非常用心的,他观察了好久,最后归纳起来,做到就算鬼神那么厉害,也无所用其力。你不用怕鬼神,只要行得正,只要遵道。鬼神也要遵道,鬼神不和道,照样被淘汰,照样自作自受。但是我们要听儒家的话,"敬鬼神而远之",你不要惹它,惹它就不能"德交归焉"。你看不起它,它照样看不起你;你惹它,它照样惹你。你

曾仕强详解道德经：德经

求他，不如求自己，那鬼神就不会把你怎么样了。

其实黑社会有它存在的原因，我们也不用把它赶尽杀绝，没有一个国家做得到赶尽杀绝，你只要自己敬而远之就行了。最怕的就是你自己想从它那里得到什么好处，然后跟它混在一起，最后受害了，那是你自己自作自受。

老子在六十章讲了治国之道之后，又在第六十一章，讲了关于国家外交的精辟论述："大国者下流，天下之牝，天下之交也。"这里的"下流"是什么意思？在当今日益复杂的国际形势之下，老子的这些话又能给我们哪些宝贵的启迪呢？

"治大国，若烹小鲜"这句话，是处理内政的原则，我们现代把它叫作国内事务，也就是内政。第六十一章，谈的就是外交，我们现在把它叫作国际问题。老子说，我们世界上的国家有大有小，不可能每个国家都实力相当、大小一致，这做不到，也不可能。大国、小国之间怎么相处，我想到今天为止还是很头疼的问题，可是老子有他的办法，我们可以参考一下。

大国者下流。大国好像大海一样，处于最低的位置，因为大海处在最下的地方，所以才能称其大。一个国家要想让人家看得起自己是泱泱大国，那只好摆低姿态，不要到处去干扰人家，不要到处跟人家联合军演，威吓人家，到人家后院去骚扰，这不像大国。但是我们现在看到的就是这个样子，大国者高高在上。其实如果读完《道德经》就会知道，这样对他没有好处。"大国者下流"就是采取低姿态，处于最下的位置，所有的水都会自动流向于他。**天下之交**，他才会变成万川汇集的地方，每个国家有什么事情都会自动来跟他请教，这才像大国。

第二十七集

天下之牝。它不但是天下万国交会的地方，而且它能够帮助每一个国家去发展，它具有母性的伟大。老子很重视坤卦，很重视"地"的德行，要人先法地。换句话说，他很重视母性的伟大。所以他说，你不但可以成为天下交会的地点，而且你会变成协助天下发展的那一个伟大的母亲，天下人都很喜欢跟你交往。

牝常以静胜牡。母性常常很虚静、很柔弱，但是它就是靠虚静跟柔弱来胜过雄性。"牝"就是雌性。我们看家里面就好了，爸爸是一家之长，可是妈妈才是一家之主。所有家庭的实权多半在女主人手上，因为妈妈常常在家里，跟小孩子最亲近，家里所有事情只有妈妈最清楚了，爸爸只是脾气坏骂骂人而已。妈妈虚静、柔弱，她就可能成为一家之主。爸爸很刚强，脾气不好，他是一家的代表，那就叫一家之长。**以静为下**，就是比喻她的虚静，就是她能够处下。先生回来了，叫小孩子乖一点儿；先生要回家了，叫小孩子赶快把家里整理一下。也比喻大国之所以能够胜过小国，就是大国善于取下，发挥母性的伟大。

老子讲完以后，给我们一个小小的结论，加强我们印象：**故大国以下小国，则取小国；小国以下大国，则取大国**。

老子强调，无论是大国还是小国，只要"以下"即可"取"，然后又说：故或下以取，或下而取。这里多次出现的"下"是什么意思？老子为什么要反复强调这个"下"呢？

大国懂得以大事小，给小国一些好处，满足它的虚荣心，给它一些面子，它的民心就归附于你，你就可以完全掌控它。现在，大国有什么事情，小国没有别的办法帮你，它到时候投你一票，站在你这边，你这个大国就有面子，就有实力，在国际上讲

曾仕强详解道德经：德经

话就有人听了。小国就要去侍奉大国，要很谦恭，很卑下，你要跟我军演我就照办，虽然我心里一点儿都不愿意，但是我还是照办了。很多国家，这边刚军演，那边又来捣乱了，就表示说没办法，它是大国，它威吓我，我不跟它联合的话，它给我好看。所以我顺着它，我就可以取大国，我可以从它那边得到一些好处。老子这种简单描述，在今天历历在目，整个天下好像就是这样子。

老子接着说：**故或下以取，或下而取**。不管是大国取小国，还是小国取大国，他们所用的都是同样的策略，即"下流"。"下流"不是今天我们所讲的那种下流，而是居下的意思，指的是谦虚、卑下的态度。老子接着分析为什么要居下，这是有目的的。

大国不过欲兼畜人，小国不过欲入事人。大国的希望就是多一些小国的拥护，到时候我有什么主张大家都呼应，我想做什么事情，大家很热烈地来配合。小国最大的希望就是找到一个大国来保护自己。**夫两者各得所欲**。大国小国虽然都有它不同的需求，但同样用一个居下，就能够达成各自的欲望。但是老子最后提出一句话非常重要：**大者宜为下**。大国应该要充分发挥居下的风度。老子的意思是说，大国比较容易骄傲，比较不容易居下，因此他才特别提出来说"大者宜为下"。大国认为我不怕你，要打就打，但这种态度在国际上是没有好处的。

如果我们看到孟子在《梁惠王》篇里面的一段记载，就可以知道老子这个思想孟子也接受了，而且实际上也在推动。当年齐宣王问孟子："邻国之间相处有什么原则吗？"孟子说："有。"齐宣王就问："什么原则？"孟子讲了两句话："惟仁者，能以大事小；惟智者，能以小事大。"他的意思是，大国要怀仁，小国要善于用智。换句话说小国要识相一点儿，要动动脑筋，不自己找麻烦，而大国要用爱护的心情来关照小国。各取所需才能和

第二十七集

平共存，从小的敦亲睦邻，到大的国际相处，莫不如此。

老子这一章只提出一个字"下"。"下"，就是把人家捧高一点儿。其实这个策略在《鬼谷子》里面用得最多，因为你一把他捧高，他就晕头转向，完全不知道自己在干什么了，你就很容易去发挥自己的影响力。我们也奉劝一些人，尤其是年轻人，他们真的不知道形势的演变，还老是在那里吵吵闹闹，其实对那个小地区的发展是有不良影响的。我们不是势利眼，而是自然顺势而为，要看当时的形势，看如何去适应，这样对两边都好，这样才能够真正的和平共存。

曾仕强详解道德经：德经·第二十八集

《道德经》六十二章中说："人之不善，何弃之有？"对于不善之人，我们通常避之唯恐不及，而老子却说不能弃之不顾，那究竟应该如何对待不善之人？《道德经》六十三章说："大小多少，报怨以德。"老子说要"以德报怨"，但是孔子却说应该"以直报怨"，如果以德报怨，何以报德？那么老子所说的"报怨以德"应该如何理解？这里的大小多少，又是什么意思呢？

第二十八集

有人说只要你修道、行道，就可以万事亨通。我们一般人，都是居于世俗的利害关系来解释道，这不是好现象。道不会功过相抵，该处罚的一定处罚，该奖赏的一定奖赏，这样才叫公正。

因此，我们才有办法去了解《道德经》六十二章所讲的内容，老子说：**道者，万物之奥**。"奥"就是奥妙，就是庇荫。庇荫不是护短，而是让我们安心，让我们心不慌，让我们心态很好，生活能够正常。**善人之宝**，如果你认为自己是个善良的人，自然会凭良心。凭良心就是遵道而行，就是不讲利害，不去求那些世俗所求的东西。遵道而行的好坏，那不是自己去计较的，这样就叫作"善人之宝"。**不善人之所保**，不善的人有不同的方式，有不同的生存发展之道，那也是道的一部分。我当小偷，对一般人来讲，我是不善的人，可是我这个小偷，要想办法不被警察抓去，不被被偷的人发现，事后还能够顺利地把赃物推销出去，换一些钱来生活。这整个的生活方式，也是道的一部分，不能说这不是道。所以不善的人，他也是靠道来保证自己能够继续活下去，所以盗亦有道。这样我们就了解了，道是无所不包的。正道是道，偏道也是道，邪道还是道，歪道也是道。正道、偏道、邪道、歪道，这样你才要选择。

老子又用我们现代也在用的东西，来举例说明：**美言可以市尊，美行可以加人**。你要去卖东西，把广告词讲得很漂亮：各位，今天是最后一天，如果你再不买的话，以后三年之内，没有这样的机会。我们只有这些东西，为什么不拿到别的地方去，为

曾仕强详解道德经：德经

什么到这来，是因为太多的人告诉我们，你们才值得我们提供这么好的东西。大家一听就动心了，他们就可以很快卖光，然后获利，这个叫"美言可以市尊"。他只是盯住你的钱包，非要把他的东西卖给你，他想的就是他的业绩。连这种美丽的谎言，都可以在市场获得大家的认可。

"美行可以加人"，一个人只要他的行为端正，只要他的行为让大家感觉到这个人了不起，他就能够超越所有的人，变成大家的榜样。所以老子就说：**人之不善，何弃之有**？不善之人，没有错，他虽是人中的败类，但是他的价值，还是超过那些整天花言巧语，骗人钱财的人。那你把他放弃了，公平吗？

如果说"不善"之人是真小人，那些用美言和美行来进行欺骗的人，就是伪君子。所以老子告诫我们，不要以表面的现象来判断善恶，而对于"不善"之人，更不能弃之不顾。但是，究竟应该如何对待这些不善之人呢？

老子虽然认为，不善之人不应该被放弃，他们会改变。但是老子还是主张人群社会要有一些制度，应该有人来管这些事情。他说：**故立天子，置三公**。所以我们要有天子，天子就是最高的领袖。"置三公"，即太师、太傅、太保。很多人总认为中国是专制的，但读了历史就知道，中国以前是三公坐而论道，皇帝自称孤、寡、不穀，也就是我是顶着这个招牌而已，你们要给我好的意见，要不然为什么你们叫公，我反而叫寡人？寡人就表示我是单独一个人，是靠不住的，至少你们三公要让我靠。

老子说，人间总要有一个体制，总要有人来处理这些事情。**虽有拱璧以先驷马，不如坐进此道**。"拱"，两手合抱；"璧"，玉璧。驷马，即四匹马驾的车。天子是六驾，大臣、三公是四驾，然后两驾，一般人一驾，这就是体制。这不是不平等，而是让人家知道，他的责任比一般人重。但是老子的意思是，你有职称，有这样的配备，出去有这样的身份地位来帮助自己行使职权，必须善尽责任，除此之外，你自己心里要明白，还是不如坐进此道。坐跟行是相对的，虽然你一天到晚，在那里做事情，为公、为人民服务，还是要找点时间，安安静静地坐在那里想一想，我的话、我的行为，合不合乎道的要求；我每天在工作当中，有没有不断地提升自己的品德修养。否则的话，刚开始做都是奉公守法的，后来胆子越来越大，越来越没有顾虑，最后也没有人敢批评，就算有人批评你也听不进去，那就叫作权力使人腐败。这整个的过程，其实到现在，我们也不过是懂得这么多而已，可是人类会改吗？老子已经讲过了，自古以来人类就迷失了，而且还要不断地迷失下去，因为人越多，糊涂的人也就越多。我们没有办法要求那么多，只好反求诸己。每个人把自己修好，功效就不一样了。

古之所以贵此道者何？老子问自己，当然也是问大家，问我们读者。古代的人，为什么把道看得那么贵重？**不曰：求以得。**他的答案不是说我求道会对自己有好处，而是我求道修德，是自己去合道，不是求它来帮忙。"求以得"，如果解释为你从那边要得什么东西，那就是错误的观念，因为你得不到。得是自己去做，不是它给你。**有罪以免邪？**你要么是从那边想求到东西，要么就是你有罪了，请求它赦免你。这都是不可能的。**故为天下贵。**就是因为道不是照一般人所讲的那样，它才是天下最尊贵的东西。

老子在第六十三章，实实在在、具具体体地给我们提出了修

曾仕强详解道德经：德经

道的三纲领。你只要做到这三点，保证有效果。

曾仕强教授所说的修道的三纲领，就是"为无为，事无事，味无味"。这几句看似矛盾的话，究竟是什么含义？为什么说只要做到这三点，就能够保证修道的效果呢？

为无为。为就为，无为就无为，怎么扯在一起呢？意思是你要有为，但是要在无为的时候去有为，就是在众人不知不觉当中，你已经做完了。如果你要三令五申、大张旗鼓，那不是要惹人注意、引来很多争论吗？比如农夫种秧，时间一到他就去种了，他并没有敲锣打鼓，也没有开会讨论，更没有发出很多规定，秧已经插好了，那就是"为无为"。我所做的，都是大家认为本来就应该这样做的，那我就无为了。

为无为，是为而无为。我在做，但是我并没有想说我在做事情，为什么他们都没看到？我做事情将来有没有功劳？我做了事情，功劳会不会被抢去？为以无为，我在做，但是我并不想那些大家想的事情，我只在乎自己这样做有没有违反自然规律。我顺其自然，好像没有在做什么，轻松愉快，这叫"为无为"。

事无事，用没有事的态度来处理事情。不是处理事情的时候紧张兮兮的，而是可以兼顾所有的事情。要做到"事无事"，就要你洞察先机，知道时到了没有。时没有到去做，那得不偿失；时过了再去做，就吃尽苦头。如果我事先已经准备好了，你也没有看到，且我又不会张扬，时间到了我一出手就解决了。这就是会待时。

味无味，就是品味。在没有味道的时候去品味。如果这个鸡，他放了很多味精，也加了很多调味素，是品味不出来的。现在我们就是被这些调味素搞得很凄惨,牛肉丸没有一点儿牛肉,葡萄汁一颗葡萄都没用,所有味道都是不真实的。"味无味",真正的味道就是不添加任何东西,纯自然的,可是我们现在已经感觉那个没有味道了,现在我们吃的不是太咸就是太油,然后搞到最后身体都不好。

我们读"为无为,事无事,味无味",总觉得老子是在耍阴险,我明明在做,好像没有做一样。实际上在做,嘴巴上却说没有做。在大家都认为这个时候不应该做的事情,我去做。我不做则已,一做就让大家都知道我在做了,这个也不对。而是我顺着自然去做,做到大家认为本来就应该这样做,就没有什么稀奇了,那就叫无为。所以老子一直告诉我们,无为就是不违反自然规律。

《道德经》六十三章接着说:"大小多少,报怨以德。"老子说要"以德报怨",但是孔子却说应该"以直报怨",如果以德报怨,何以报德?那么,老子所说的"报怨以德"应该如何理解?这里的大小多少,又是什么意思呢?

大小多少。这四个字简单无比,世界上的事情不是大就是小,不是多就是少。老子把大小多少讲得太妙了。他说你要用小来治大,要用少去应多。一件事情看起来很大,无从下手,你就从小的地方去做。比如现在的警察,外面群众一大堆,你跑出去跟他们谈,一定吃亏,说不定哪一个人,捡起一块石头丢过来,当然你就会生气,或许还会失去理智,那就叫添乱。会处理的警察很冷静,他会说现在天气很冷,大家穿得不够,我们里面位子虽然不多,但是可以有10个代表进来,请你们推选10个代表,

曾仕强详解道德经：德经

我们到里边好好谈一谈，其他人回家，保暖最重要。群众一听很有道理，然后10个人到了室内，到了你的地盘上，他们的心态自然会调整，自然比较理性。这种处理方法就是"事无事"，明明有事，但是你把它处理得好像没有事一样。10个人进来后，给倒茶，大家一喝，情绪稳定下来了。有什么事大家推来推去，都说没有关系，效果完全不一样了。"大小多少"，看到大的你慌张了，那就处理小的好了，因为所有大东西都是由小的构成；看到人多你就紧张，那你找其中几个人好好谈一谈就好了。

报怨以德。这是最受大家误解的。人家给你难堪，人家增加你的麻烦，甚至人家打击你，你就用德去报他。如果坏人你用德报他，那么好人你要用什么报他呢？孔子讲得很好，"报怨以德"讲的是事前，不是事后。老子也告诉你，要事先防患。如果事后会有报怨，事后会有仇恨，你就要事先施德来预防，即要用德来预先防止人家对你的报怨。

图难于其易。要做难的事情，先从最容易的做起。比如考试，试卷一发下来，糟糕了，10个题目我只懂两个，其他8个都不懂，怎么办？然后就一直在想，这个不懂的非把它突破不可，最后时间用光了，连那两个会的都没有写，就0分了。我一看只有两个会，8个不会，那没有关系，先把两个会的快速地写好。最起码先稳住，因为你的时间有限。然后慢慢去突破难的，说不定后面反而觉得这没有什么难的，整个化解掉了。其实所有的难题都有容易突破的那一点，你就从那点开始。**为大于其细**。大作用都是从小处着手。**天下难事，必作于易**。天下最困难的事情要从最容易的小事去做。**天下大事，必作于细**。天下最伟大的事情，大多从最微细的地方开始发端。比如孔子，孔子一号召，三千弟子就来了？不可能。孔子开始带一两个人，越带大家觉得跟他学很好，其他人自动就来了。任何伟大的事情，都是从小的地方开始，然后慢慢才越来越发达，越来越发展，最后变成很大。

从现实生活中我们也体会到，大事，要从小处做起；难事，要从易处着手。老子紧接着又说："是以圣人终不为大，故能成其大。"这是不是在告诫我们，不要好高骛远呢？

是以圣人终不为大，故能成其大。历代的圣人，他们绝不好高骛远。好高骛远的人根本就做不成大事，眼高手低，最后一事无成。不好高骛远，能做多少就做多少，反而能够成其大事。

夫轻诺必寡信。那些随便答应人家的人，最后都是做不到，都是没有信用的，因为他并没有了解实情，就随便答应人家了。这不是欺骗，而是没有信用，因为你答应得太快了。

多易必多难。看着容易的反而越来越困难，而刚开始看到很难的，结果越来越容易。所以，我们一般人见大人物要小视之，才不会吓自己；见小人物要大视之，才不会去惹他。见难事要从容易处去看它，见容易的要想好像没有那么容易，要更加小心一点儿，这当中可能有很多隐藏的陷阱自己没有发现，这样就好了。

是以圣人犹难之，故终无难矣。圣人做任何事情，都抱着一种不容易、不简单，要谨慎、要小心的态度，所以最后他都没有困难。如果圣人说，我已经到这个地步了，谁难得倒我，这种小事情不用操心，那就是大意失荆州。孔明那么了不起，他怎么可能没有算到关公会失掉荆州？他老早就知道了，只是一开始，他处理得不是很理想，事后又很难去补救。我们常常讲艺高人胆大，最后是吃亏的。精于游泳者才会死于水，看人家跳水容易得很，你去试试看，一栽下去就出不来了。另外有人说跳水不容

曾仕强详解道德经：德经

易，看看气候，看看水流，看看今天自己的状况怎么样，这种人永远不会死在水里面。

圣人照理说不应该有难的感觉，可是他虽然是圣人，还是不认为任何事情是那么简单的，还是多多少少觉得自己要小心，因为可能碰到困难。因此他"终无难矣"，即从来不会碰到难题。我们要搞清楚这种事情，才有办法真正了解《道德经》教给我们的具体方法。

曾仕强详解道德经：德经·第二十九集

"千里之行，始于足下"这句大家熟悉的话，就是出自《道德经》六十四章。而六十五章中"古之善为道者，非以明民，将以愚之。民之难治，以其多智。故以智治国，国之贼；不以智治国，国之福"，这几句话则引起了很大的争议。我们常说要开启民智，老子为什么却说"民之难治，以其多智"？还特别强调"故以智治国，国之贼"？老子真的是提倡愚民政策吗？老子所说的"智"，和我们所理解的智，有什么不同呢？

第二十九集

很多外国人都弄不清楚，中国人跟日本人到底有什么不同。我们都很清楚，根本的不同就是日本人求必胜，我们只求不败。大家想想看，必胜是可能的吗？要必胜，就要有足够的条件，而不是说喊出来就可以得到。但是不败，是完全可以自己掌握的，我想办法先立于不败之地，然后等待敌人败，而不是我主动去打他，这才是最高明的。老子在第六十四章中，又特别提出来立于不败之地的方法，他讲得很有趣。

其安易持，其未兆易谋。其脆易泮，其微易散。"其安易持"，一切都很安定的时候，你看得很清楚，要做什么安排，都很容易把握。事情本身就乱成一团，想抓也抓不到，看也看不清楚，就很难掌握。所以我们往往在事情安定下来的时候才去做事情。

"其未兆易谋"，"兆"是征兆，就是非常微细，一般人看不到。当事情没有很明显的时候，你就掌握到可能发生的那些预兆。然后时机一到，你就下手，别人都措手不及。你很有把握，而不是试试看。中国人嘴巴讲试试看，其实都是很有把握的。

"其脆易泮"，事情很脆弱的时候，是很容易消融的。一切事先做好策划，但是时未到不要出手，不要乱动，等到它将要安定，而没有很固定的时候去调整，是很容易的。

"其微易散"，问题很微细的时候，是很容易打发的。等到问题大了，想打发都打发不了。所以这四句话，其实是连在一起的，"其安易持，其未兆易谋。其脆易泮，其微易散"，意思是说一切一切都要用心，但不是我们一般所讲的用心机，想办法让

141

曾仕强详解道德经：德经

人家出乎意料，想办法让人家吃亏，想办法让自己占便宜。而是用心去看时机，去看可能的变化，然后做好整体的规划。时稍纵即逝，永远不回头，难就难在这里。接着老子把这个现象后面的两个原则给我们讲了出来。

为之于未有，治之于未乱。在一般人都还没看到，事情还没有成形的时候，你就开始去做，人家不知道你在做什么。"治之于未乱"，还没有乱的时候，你去整治它，等到它乱的时候再整治，它的抵抗力就很强，阻碍就很大了。老子怕我们不明白，又回头把自然的现象引述出来。

合抱之木，生于毫末。两个人甚至于三个人，才能够合抱的一棵大树，是怎么长出来的？刚开始就是一个小芽而已。老子用一些现象，来说明大生于小，高从低开始发展的道理。

九层之台，起于累土。"九层"，代表很高，不一定是九层。因为我们都把九当作是阳的最大数，所以讲九天、九层、九州，都是取这个九。很高的楼台，也是一箩筐一箩筐的泥土建立起来的。

千里之行，始于足下。以前的交通工具，没有现在这么发达，所以千里就表示很遥远。你要走一千里，也是你的脚一步一步走出来的。

"千里之行，始于足下"是大家耳熟能详的一句话，老子用这句话告诫人们，无论你有多么远大的目标，只能一步一步地去实现。但是，人们在做事情时，往往总是急于求成。对此，老子又有哪些告诫呢？

因此，他提醒我们：**为者败之，执者失之**。如果你出于有心的作为，如果你老想这样、老想那样，那就很容易胡作乱为，很容易败事。

是以圣人无为，故无败；无执，故无失。历代的圣人，他们的所作所为，都是不违反自然规律的，所以他们永远不会败。他们从来不固执，孔子都说他是述而不作，老子也不断引用前人的话，表示不是他自己的创见。因为一个人仅凭自己的一点儿经验就认为，这是大家都应该遵循的，那就太危险了。

老子讲完圣人能够立于不败之地，就反过来让我们看看一般老百姓是怎么做的。

民之从事，常于几成而败之。老百姓做事情，常常是将近完成的时候反而失败了。这样我们才能够体会到那一句话，"行百里者半九十"。今天要走一百里路，不能说走到五十里，就算是走到一半了，那你就走不到了，要走到八十里，才说今天我走了一半，后面一定能走完。"行百里者半九十"，出自《战国策·秦策五》。要坚持最后五分钟，快完成的时候，最容易松懈，最容易说没问题了，因为看前面都那么顺利。殊不知，往往最后那一关，是最难坚持的。

我们把这一章读完以后，再想想看，老子给我们讲的立于不败，到底它的基础在哪里。

老子讲的立于不败之地，就一个字，叫慎，即谨慎。谨慎就是小心，所以小孩子要出门，妈妈二话不说，就是要小心。小孩做任何事情，大人二话不说，也是小心。干部要出门，老板二话不说，小心，就是这样子。刚开始都小心翼翼，最后往往大意，然后整个都翻盘了，这才是最可惜的。

所以老子要我们记住"慎终如始"，这四个字很难。慎始比较容易，中国人一开始都很慎始。我好不容易有这个机会，不能

曾仕强详解道德经：德经

对不起自己，一定要好好把它完成。但是越做越顺，就越来越大意，越做越熟练，就觉得自己越来越内行。然后大意失荆州，阴沟里翻船，最后痛哭流涕，也是没有用的。因为错就是错，改不过来的。所以中国人要把"终"摆在前面，"慎终"，就是坚持到最后五分钟，因为这当中会有很多人来诱惑你，这样那样拉拉扯扯，搞得你心神不安，搞得你对自己都没有信心，然后开始怀疑自己的路是对的吗？**慎终如始，则无败事**，就是说我一直到最后，都跟刚开始一样那么谨慎，这种人不会失败。

老子说完立于不败之地应该保持的心态后，又说出了达到这个目的的方法："是以圣人欲不欲，不贵难得之货。学不学，复众人之所过。"这里的"欲不欲""学不学"该怎么解释？"不贵难得之货"又是什么意思呢？

是以圣人欲不欲。圣人以不欲作为自己最大的欲望。孔子从不强求。孔子想做官，而且他也夸口过，你给我三个月，我表现给你看，但是做不成那就算了；去了人家还不信任他，他就不干了，他无所谓的。孔子没有患得患失，因为他后来觉悟到，老天不是让他走那条路的，老天让他有教无类，把官办的学校变成民办的学校，这是他一生要做的事情，他就做了。**不贵难得之货**，不重视那些珍贵的货品。你身上戴一个几克拉的钻戒，又怎么样？说不定手都被砍断了；你有一个宝玉，说不定被偷掉了，就算不被偷掉，也会整天提心吊胆。

学不学，你所学的是什么？你要学，就好好学，不要半吊子，学成半桶水，还自以为是。**复众人所过**，以身作则，使众人都能够自动去改变自己的过失，然后回归于道。

第二十九集

以辅万物之自然，而不敢为。让万物都随着自然而自生自灭，自行发展，圣人不敢有所作为。因为一有作为就有后遗症，自古以来都是这样，不管你做什么都有后遗症。轩辕黄帝打蚩尤，有一百个理由，一千个理由，于是就造成我们内乱的开始。我们读完老子的书，应该也要觉悟：知识固然很重要，但是必须要把它转化成德行。知识好不好，看它能不能转化成德行。知识一旦转化成德行，它的力量是无限大的，它可以复众人之所过，它可以辅万物之自然，那时候自然就可以无为而无不为。

老子在《道德经》第六十五章提出："古之善为道者，非以明民，将以愚之。民之难治，以其多智。故以智治国，国之贼；不以智治国，国之福。"有些人以此指责老子的思想是"愚民治国"。那么，为什么老子认为不能以智治国？难道老子真的提倡愚民政策吗？

当前人类有一个共同的愿望，这是不分国界，不分种族，不分性别的，这个愿望是什么？说起来很可笑，但是因为可笑，所以才是道。这个共同的愿望，就是拯救地球。我们老祖宗讲了，人类活着就是要拯救地球，只不过我们用的词不一样，叫作"赞天地之化育"（《中庸》），现代话就叫拯救地球。但是大家从来没有好好想过，为什么我们落到这种地步，根本的原因只有一个：我们长期以来不重视道德。我们提倡知识经济，导致道德沦丧。整个学校都在教知识，几乎没有老师讲过道德。我们一味地推行法治，主张一种非常不正确的观念，只要不违法，什么都敢做。法永远阻止不了人类做坏事，因为不知道他要做什么坏事，怎么立法来规范他？所以我们的法律多如牛毛，但是新奇的罪行

曾仕强详解道德经：德经

也越来越猖狂。当警察的武器越来越先进的时候，盗贼用的绝对比他们的还厉害。

老子常常要我们愚，他说大智若愚。而我们现在都是聪明一定要表现出来，有学问要让人家惊讶。愚者才是道之用。所以老子在第六十五章，就特别提出来，不以智治国才是上策，以智治国会越来越糟。

古之善为道者，非以明民，将以愚之。古代善于运用道来施政的人，从来不鼓励老百姓耍小聪明。而他所采取的策略"将以愚之"，不是愚民政策，尤其中国人，每个人心知肚明。我们经常讲一句话：人民的眼睛是雪亮的。每个人心中都有一把尺，只不过是看不见的尺，这把尺很厉害，公道自在人心。"将以愚之"就是他会想办法让老百姓很谦卑，很守分，看起来好像不聪明。我们看到现象都知道，愚很难，聪明很容易。凡是被人家看成聪明的人，都是不够聪明的人，一天到晚到处叽里呱啦的人，都是没有学问的人。真正聪明的人会深藏不露，不是适当的时间，他不会表现。

民之难治，以其多智。故以智治国，国之贼；不以智治国，国之福。民为什么难治，为人民服务为什么会难？因为老百姓自作聪明，越没有知识的人，越要装内行；越没有智慧的人，越希望耍嘴皮，然后就开始钩心斗角，死要面子，抓到机会，就会表现一下，生怕人家看不起。

"故以智治国"，所以如果要用智来治理国家，尤其是中国，那会很惨。因为中国人最擅长的，就是那句话，时时心生一计。因为我们历代兵书很多。他随时都可以心生一计，计谋最多，然后经常出其不意，你就完了。"以智治国"就会带来社会动乱，人民祸害。我用我的专业知识来骗你，就很容易了。我如果讲话你都听得懂，就骗不到你，所以我就制造很多专业名词，然后其中夹上几个英语吓唬你，你就乖乖把钱给我了。如果不用这种技巧来治国的话，就是国之福，老子说这才是人民的福气。

老子讲完"以智治国"跟"不以智治国"这两种状况后，接着说：**知此两者，亦稽式**。老子给他一个称呼叫"稽式"，他说你明白这两种不同的模式，一个是福一个是祸。但是你更应该知道，它们背后的道理只有一个，即**常知稽式，是谓"玄德"**。

老子认为，玄德是修道的最高境界。"玄德深矣，远矣，与物反矣，然后乃至大顺"。《道德经》中多次提到"玄德"，在不同的章节里，对于玄德也有着不同的解释，那么在这里，玄德应该如何理解呢？

玄德，就是持久恒常得明白准则并妥善运用。你常常想到"非以明民，将以愚之"，就知道自己该怎么做。但是老子还是提醒我们："玄德"深矣，远矣，与物反矣。"玄德"是很微妙玄通的，深不可视，不是一般人能够了解的。它永远是无界的，拿到哪里都可以用，可是它看起来和我们现在所看的完全是相反的。"玄德"就是跟老百姓、万物共同返璞归真。返璞归真是一种心态，而不是把所有房子都拆掉，过以前那种没有房子的生活，把现代文明整个毁掉去过原始生活。我们需要这些东西，但是我们需要这些东西的时候，我们的心态是什么？就是返璞归真。不要有太多的欲望，适可而止，任何事情不要违反自然。现在的房子，越盖越违反自然。对于居住的人，越来越不利。以前，我们随时可以跟外界空气相结合，现在把你闭锁在里面，然后用空调，而且还是中央控制的风。这里面只要一个人有病，就

曾仕强详解道德经：德经

传播到整个大楼。那些管子里面，有多少细菌，多少污秽，没有病也诱发出病来。所以我们必须要知返不迷，不要像现在这样一直迷下去。

然后乃至大顺。只有这样做，才能够完全符合自然，与道合一。老子的意思其实很简单，他在提醒我们，以智治国，最后就是官民相斗——要么官民互相利用，要么官民互相陷害。官民相斗也不好，官民互害也不好，官民拉得太近，所想的都是少数人的利益。唯一的办法是什么？我们现在不可能说，再让老百姓没有知识，把学校都关掉。而是要把智提升到德，换句话说，我们的基础教育，要把品德先培养好，然后再来教知识。而不是从幼儿园开始，就拼命教知识却不重视孩子们的品德。现在大部分小孩子，做人的基本道理都不懂。我们要聪明，但是不要耍小聪明，因为耍小聪明一定吃亏；我们要不争，因为争的人都争不到。当然现在因为一孩化，家里头小孩子少，

> 我们的基础教育，把品德先培养好，然后再来教他知识。
> ——《道德经》的智慧

很难体会到。像以前，兄弟多，物质是有限的，几个小孩子一定会争。父母知道，这个会争，我应付应付他，给他小的，把大的留下来，保护那个不争的，一定是这样。我们现在提拔人才，也是这样的，谁争谁没有。这样大家才知道，你要高升的时候，人家问你，听说你要高升，你会说没有此事，绝对没有。你为什么不承认？因为一曝光就没有了。所以很多人搞不懂，为什么中国的事那么奇怪，谁争谁没有。因为有预定的轨道，你就顺着轨道来就好。不能让他知道有预定轨道，如果他知道就什么都不做，专走投机取巧的路，那就叫走捷径了。

我有一个年轻的朋友，26岁就拿到博士学位，然后到学校来

教书，受尽委屈。他说你知道为什么我这么快拿到博士吗？就是我专攻读博士要的那些东西，其他都不读，所以人情世故我都不懂，人家欺负我，我也没有话讲。

我们要看大一点儿，看远一点儿，不要光是看到这么小小的。知识经济最大的弊端，就是只看到眼前，其他都没看到。只会做自己的专业，人情世故完全不懂，一定吃大亏，受害的也是自己。我们政府要跟老百姓共同返璞归真，大家过很自然的生活，共同走入自然的大道。这就是老子对我们的期望。

曾仕强详解道德经：德经·第三十集

《道德经》第六十六章讲述了王天下的大道。老子说"以其不争，故天下莫能与之争"，这句话引起了人们的许多争论：不争怎么能赢？不争为什么最终还得了天下？难道这是老子以退为进的一种阴谋吗？第六十七章中说"我有三宝，持而保之：一曰慈，二曰俭，三曰不敢为天下先"。现代社会特别强调在创新中求发展，可是老子却说"不敢为天下先"，难道老子反对创新和发展吗？这个"不敢为天下先"到底应该怎么理解呢？

第三十集

> 天下所归往的地方叫作王，人心所归向的那个人就叫王。
> ——《道德经》的智慧

老子不是一个无政府主义者，他也要立天子，置三公，因为老百姓也需要有组织，也需要有管理。我们的学问大部分是为政治而立言的。我们现在看《道德经》第六十六章，老子说：**江海所以能为百谷王者**，"百谷王"就是天下百川汇合的地方。天下所归往的地方叫作王，人心所归向的那个人就叫王。百谷王就是江海，江海没有做什么事，可是四方八面比它高的那些水都自然而然地归向它。

我们讲无为、无欲，都是从自然景象中可以得到印证的。天下的河流看起来是有的往这里流，有的往那里流，但不管怎么流，实际上在背后只有一个方向，就是往低下的地方流。人往高处爬，水往低处流。

以其善下之。因为河流很善于自处于最低下的地方，**故能为百谷王**，就能成为百谷王。老子首先还是以他一贯的作风，先给我们看一个自然现象。你看百谷王，什么事都不做，就是会选择好的地方。它比谁都低，它的水既广又深，就成为百谷王了。

"以其善下之，故能为百谷王"，这是因果，因是善下之，果就是成为百谷王。然后老子继续引到人事上来了：**是以圣人欲上民，必以言下之**。可见老子没有反对万民之上要有人在治理。那就是君王。圣王也是王，可见王有圣有不圣。从这一章可以了解到，老子跟孔子一样，都是要王天下，就是要行王道。也有行

曾仕强详解道德经：德经

霸道的，霸道也是道，但是霸道不长久，因为不得人心。王道长久，王道轻松，王道可以赢得万民的拥戴，王道还可以引来远方的人，因为他在那边不安宁，就来投奔我们。我们的人民就多了，我们的领域就广了。所以一直到明朝，我们都说广积粮、缓称王。不要急着称王，先把粮积好，老百姓来投奔的时候，他们有得吃，有得穿，能过上比较安定的日子，这样不用去招呼他们，他们就来了。《易经》也告诉我们，来的人是谁？都是那些在远方不安宁的人。他们如果安居乐业，那就没必要过来了。古代人都把这些道理，讲得非常清楚。

　　当圣人，是不是存心要居上？不是。老子说圣人都是不得已的，都是为了责任。这种情况我不出来谁出来？这么乱糟糟的，出来是牺牲奉献，不是享乐，也没有办法搜刮财物，但是我不出来我心不安，这是职责所在。圣人只是不得已而出来的。老子的意思是，圣人不得已而登上大位，那是要居万民之上，而不能够万民居我之上，否则就叫不成体统了。所以还是要穿着不同的衣服，还是要坐不同的六驾马车，可见老子都不反对这些东西。他只是告诉我们，你要得到万民的拥戴，一定要高高在上。但是你要高高在上，必须要"以言下之"，即一定要在语言方面，在说话方面特别显得谦卑。这就是老子告诉我们，为什么侯王地位那么高，都自称孤、寡、不穀，把自己称得很谦卑。大家想想看，天下有任何的错误，都在于他一个人。比如，不下雨他得去求，但这并不是代表他的身份是卑微的。老实讲身份卑微的人去求，人家都不让求。而是因为你在语言上显得特别谦虚、卑让，然后可以感动老天爷——我是为万民而求的，不是为我自己求的。

　　在"以言下之"之后，老子接着说"欲先民，必以身后之"。我们常说，干部要成为群众的表率，干什么事都要"身先士卒"，老子为什么却要求为政者要"必以身后之"？"以身后之"真正的含意是什么呢？

欲先民，必以身后之。站在老百姓的后面，不是位置的问题，而是不与民争利。你要领先群众，要领先万民，要居于领导的地位，就必须要设身处地，站在老百姓的立场来想，任何事情都要站在老百姓的后面。老百姓能做的事情就让他们做，不会完全收归国营；老百姓做不了的事情就由国家来做。所以一直到现在，我们摸索那么久，才知道国营事业有它存在的价值，民营企业也有它存在的必要。用什么来分？不是用大小，不是用规模，不是用资金多少，而是用性质。比如，民生用品，大众所需要的东西，不能让少数人控制，那一定要国营。有些事情比如说理发店，一两个人就开起来了，国家去管那个干什么？想要领导老百姓，就必须要走在老百姓的前面，老百姓才知道方向，才懂得追随。可是在很多地方，你要退在老百姓后面，替老百姓想，然后你所有的措施，都让他们感觉到没有跟他们争利。只要老百姓能做的，政府都不会争着要去做，老百姓觉得很安全，觉得听政府的话是对的，那社会就很安定。

> 站在老百姓的后面，不是位置的问题，而是不与民争利。
> ——《道德经》的智慧

所以上不是真的在上，下不是真的在下。我们一般人执着于表象，上就是在上面，下就是在下面，先就是在前面，后就是在后面。其实不是这样的，上是你的职位，可是你到底上不上，要看大家是否尊敬你，是否从心里头很喜欢你这样做。抓贪官污吏老百姓很喜欢，那就是好的。而不是说，虽然此事老百姓很喜

曾仕强详解道德经：德经

欢，但是法律不许可就不去做。要做的是修改法律，因为法律必须要配合时代的需要，做适当的调整。

老子接着说：**是以圣人处上而民不重，处前而民不害。是以天下乐推而不厌。**圣人高高在上，可是老百姓并不觉得自己负荷很重，因为圣人并没有把他的一些苦恼及一切的需要，通通压在老百姓身上。圣王实际上一定要居万民之上，否则怎么领导呢？可是居于万民之上，并不像我们所想象的一样，将所有的事情都分摊给老百姓，所以老百姓并不觉得负荷很重，而是觉得你是在替我们谋福利，你是在照顾我们。

"处前而民不害"，你一下子冲到老百姓前面去，有两种可能性，一种是让老百姓感觉到受不了，感觉到自己正常的生活都被扰乱了，所以他受了害。另外一种是你一冲到前面去，他们才恍然大悟，原来你正在做他们想做的事情，只是他们不方便说，也说不清楚，你帮他们做出来，那不是很愉快嘛。

可见任何事情，都有两种可能性，不是我们一般人所认为的，一个因只一个果。世界的变化不是直线性的，而是周而复始，变化多端的。圣人虽然高高在上，可老百姓不觉得受到压力，圣人虽然突然间跑到前面去，可是老百姓没有感觉到自己受到伤害。所以天下的人，都从内心里面很喜悦地把他推崇。老百姓开始自动去响应他的号召，然后自动去配合他的政策，而不厌。不会说你怎么又来了？你怎么新官上任三把火，把我们头发都烧光了？不会。所以同样新官三把火，有受到欢迎的，有受到厌弃的，一个是王道，一个是霸道。

《道德经》第六十六章紧接着提出一句惹人争议的话，"以其不争，故天下莫能与之争"，不争怎么能赢？不争为什么最后

第三十集

得了天下？难道这是老子以退为进的一种阴谋吗？

老子最后归纳成两句话，其实整部《道德经》，就是在阐释这两句话。老子不停地在重复，从各方面举例说明，不断加强我们的信心。这句话就是**以其不争，故天下莫能与之争**。圣人不用争，正因为通通不争，所以天下谁都争不过他。这句话也解释得不好，因为你说人家争不过他，就表示还有争的味道，其实人家根本也没有想要跟他争，叫作"莫能与之争"。大家想一想我为什么要跟你争，你为我们好，我还要跟你争？他都不争了，我们还争什么呢？所以从此没有人再争了。一片祥和，一片谦让，非常和谐。你要领导老百姓，就一定要走在前面，这样老百姓才好追随。我们中国人常讲一句话，巩固领导中心，领导中心要很明显。所以老子所讲的隐藏，其实就是明显，要明显就必须要隐藏，这个跟《易经》里面阴中有阳、阳中有阴，是一致的。但是外国人就感觉到，你们这个好像很阴谋，说不要又要，说要又变不要，说上又跑到下面去，说下又跑到上面去，因为外国人不了解，我们阴阳的变化是活的，不是死的。

我们再三地说明，争的人表面上是占了一些小便宜，实际上是吃大亏的。那又何必争呢？我们再回去看第二十章。老子说"愚人之心"，愚人之心不是用来愚弄别人的。而是真正很聪明的人，他是有愚人之心的，他很纯朴，很混沌，大智若愚，不随便表现。你跟大家同，但是你又跟他不同。而有一天他公认同了你的不同，这样的不同才有意思。你的不同跟人家格格不入，那你就是标新立异，就成了一个怪物而已。世界上怪物很多，生怕人家不知道他比人家奇怪，就开始在头发上搞花样、在胡须上面搞花样。自古以来就是这样，其实变来变去就是那几套，那几

曾仕强详解道德经：德经

招，没有什么新的。可是他以为这很新奇，这是走时尚的路，没有那回事。

把这些精神收回来，修自己，才是人类的幸福。第四十一章老子也讲过"进道若退"，当一个人越靠近道的时候，越不需要跟人家争。凡是跟人家争的，就是不明道理的人。一旦变成得道高人，他是与世无争的，他心里想，我已经得到太多了，老天待我已经太周至了，我再争不是开自己玩笑吗？即使人家争，他也不会动心，因为此阶段他都经过了。这样的事情现在看起来很好，到时候都很难看的，那又何必重蹈覆辙呢？这个道理要靠自己一点一滴去领悟，从实践当中了然于心。

《道德经》第六十七章，老子提出了修道的三个要领。"我有三宝，持而保之：一曰慈，二曰俭，三曰不敢为天下先。"现代社会特别强调创新，认为只有创新，才能有发展，但是老子却说"不敢为天下先"。难道老子反对创新和发展吗？这个"不敢为天下先"到底应该怎么理解呢？

我们现在对道越来越有兴趣，我们越来越想修道，那要怎么修呢？老子在六十七章给了我们答案。**天下皆谓我："道大，似不肖"**。天下人都在说道太大了，怎么看都不像，都不具体。好比瞎子摸象，摸到腿就说它像一根柱子，摸到一部分他就说像什么。道如果很小，就能很快知道它是什么样子，但是道实在太大了，每一个人都只能看到一部分，都只能说出一部分。因此怎么听都有道理，但是怎么听又不全面，不具体。老子说：**夫唯大，故似不肖**。他说你应该这样想，就是因为道太大了，所以怎么看都不像。

第三十集

若肖，久矣其细也夫。如果很像、很具体，三两句话就讲完，甚至说一两百句话，五千言就能够讲完的话，那道就太小了。反过来想想你就想通了，道无法说，不是因为它不能说，而是因为太大了，说不全面，每次只能讲一点点，所以听起来好像一会儿这样，一会儿那样，很没有系统。

老子很妙，他先告诉你道太大了，没有办法说，但是他还告诉你，我还是有办法把它形容给你听。他这种心情也是：我这是不得已而说的。他告诉你天道就是这三宝，你把这三宝修好，大概就上道了。可见他还是很具体地告诉我们，这三个就代表所有的天道，他是要我们心理上有个准备，不要自满。它可以代表天道，但不是所有的天道都包括在这三宝里面，这样来理解应该比较妥当。

我有三宝，持而保之：一曰慈，二曰俭，三曰不敢为天下先。我们听起来都很顺，本来就应该慈，慈就是母性的伟大。所以我们为什么总是说，孔子推崇乾卦，老子推崇坤卦，就是因为老子每次都从母性方面讲，要弱、要柔、要下。这跟阳刚之性，刚好是走不同的路。"俭"，大家觉得本来就不应该浪费，本来就应该节俭，这不需要政府来约束，我们自己本来就应该要好好地从自己家里面做起，从小养成节俭的习惯，自己约束自己，不要太奢侈，不要太浪费。可是一听到"不敢为天下先"，很多人眉毛就皱起来了，而且会想到，应该要敢为天下先，怎么会不敢为天下先呢？大家清楚，革命是非常时期，革命是不得已的手段，不可常常为之。

在革命时期，为了当时的需要，把"不"字去掉，叫作敢为天下先，这也是理所当然、势所必然。可是革命过后一切归于平静，我们还常常强调敢为天下先，这就要好好地考虑考虑。因

曾仕强详解道德经：德经

为中国人讲"要"与"不要"是一样的，讲"敢"跟"不敢"还是一样的，那既然一样，讲敢就好了？为何要讲不敢？其实很简单，我们要站在"不敢"的立场来"敢"，此时的"敢"往往比较合理。我先说不要，我就不会乱要，我还说不要，我就不会动手去拿，最后又想怎么可以不要，当然要，我就顺手去拿，就要了。人家会认为你本来是不要的，现在你要，一定是经过考虑过的，一定是居于你衡量当时的状况，做了合理的决定，所以你要就给你了。

我们站在不敢的立场试试看，我不敢，为什么不敢呢？就当仁不让了，就敢了。差不多我们的做法都是一个样的，不说，就不会乱说。不争，最后争了，那就表示说当然要争了。我不是为我争的，是为大家争的，这个时候再不争，我就太懦弱，这就是《易经》的道理。其实用一句话来解释，"不敢为天下先"，大家就更能够冷静地去想这个问题。

孔子说，"始作俑者，其无后乎"。孔子很少骂人，因为他很重视修养，但是修养到完全不骂人，这也太过分了，该骂还是要骂。所以孔子也骂人。孔子并没有说这件事情好不好，他说这整个的东西是你创出来的，你当初也许是好意，但是现在成烂摊子了。你也许刚开始出发点都是好的，后来搞得这么多流弊，可能自己都被蒙蔽了，都不知道怎么办。那谁叫你要创始的，谁要你挺身那么快，你就要背这个责任。

老子说"不敢为天下先"，孔子说"始作俑者，其无后乎"。两个人的意思都是：这件事情到底该不该做，做了以后有什么后遗症，到时候会不会引起不良的后果。我们没有摸清楚以前，不要太快地来倡导。

第三十集

老子紧接着进一步阐释了人生三宝"慈、俭、不敢为天下先"的作用:"慈,故能勇;俭,故能广;不敢为天下先,故能成器长",慈和勇有什么关系?俭为什么能广?不敢为天下先,又为什么能够"成器长"呢?

慈,故能勇;俭,故能广;不敢为天下先,故能成器长。可见老子很懂得大家的心意,他知道说慈、俭,不敢为天下先,大家听了以后没什么反应,很快就会忘记。因此他又解释了"慈,故能勇",就是儒家所讲的仁者无敌。我慈于人,我就得到一个人;我慈于物,我就得到这个物,这样还有什么敌人呢?我们讲慈,很少讲爱。西方人动不动就是我爱你,中国人从来不讲我爱你。当你说出爱的时候,心中就有一个相反的名词,叫不爱。我爱你,就是告诉你,第一,从前我不知道我爱你;第二,我以后会不会爱你也不知道。一般的人真的不了解这些东西。

爱是很偏窄的,慈是很广的,完全不一样。母亲很慈,因为她没有偏心,她不会变。小孩乖的时候我才爱你,小孩不乖的时候我不爱你,这算什么母亲?慈是人心,慈是人性,慈是无我,所以母亲可以是世界上最勇敢的人。比如公鸡跟母鸡,是公鸡凶还是母鸡凶?当然是公鸡凶了,但是当你去抓小鸡的时候,母鸡比公鸡还凶。慈,它的勇发出来的时候,是不可抵挡的,妈妈为了保护小孩,她比谁都强,比谁都勇敢。

"俭,故能广","俭",就是内心很清静。你乱动心就糟了,越动心你自己越倒霉。你不动心绝对能快乐,一动心就觉得我家怎么比邻居差,我家小孩子读书老比不过人家小孩子。你之所以会烦,之所以会觉得做人很痛苦,就是因为你的心总是这么急躁,想东想西,跟人家比来比去。这说明你心胸就很窄小,见

曾仕强详解道德经：德经

识也不广。我不跟人家比，不跟人家争，也不想赢过什么人，这样谁都可以谈，自然就很广了。如果你认为不是你的专业就不能看，看了也是浪费时间，你的视野就越来越窄了。如果讲农的我很有兴趣，讲医的我也很有兴趣，不管讲什么我都很有兴趣，于是就广了。所以最好读大学的时候，要跟不同系、不同学院的人多来往。

"不敢为天下先"，说起来就是不争。因为你不争，所以天下莫能跟你争，你就变成万物之长，你的道就大了。你一争，就争到一条小道；你不争，条条大路都可以走。如果说你非走哪一条不可，结果那条塞住了，你还塞在中间。而我出门先看看，哪一条路比较塞我就躲开，哪一条路拥挤我就绕个弯，我不跟你争，我就不塞，一争就在那里塞死了。欲速则不达，古人说的话，现在每句都可以印证。万物之长就叫器长，器长就是获得万物的拥戴，那你就称王了。现在百行百业，其实都有它的王，连卖个酸梅汤，都可以变成酸梅汤大王。人人都是王，但是记住，人人都要为人民服务。如果都是想着赚钱，然后溜到国外去，那就不能称王了。

但是老子很感慨，他说：**今舍慈且勇，舍俭且广，舍后且先，死矣！** "舍俭且广"，你不但不慈，而且还要显出匹夫之勇，这就是我们常讲的有勇无谋，那不叫勇，那叫鲁莽。"舍俭且广"，你不但不俭，还要广游各界的朋友，天天我请客，你们不要客气，借钱也请，最后公司倒闭了，你也无路可走了，广不起来了。"舍后且先"，不但不知道舍后，而且要争先。今天有一句话很精彩，可以跟老子说的相呼应，叫作不抢没戏，抢了累死。不抢好像就没有我的位置了，连露个脸的机会都没有，而没戏就很凄惨。其实没戏有什么凄惨的，没戏才乐得。但是现代人不能没戏，所以就要抢，一抢就要累死了。老子当年就下个定论，叫作"死矣"，就是死定了。这种人死定了，自取灭亡，自投死门，自走绝路。

老子又赶快回头给我们希望，他说：**夫慈，以战则胜，以守则固。天将救之，以慈卫之。**"慈"就是按照人性来表现，就是有仁心，就是懂得为人民服务，照顾大家的生活，那么你来战，就一定胜。只有在这种状况下，才能每战必胜，而不是百战百胜，百战百胜是不可能的。以慈来战，你一定会胜。但是他不敢保证，你每一次战争都是为了慈，因为没有那么多需要。"以守则固"，用慈来守就会很牢固，非常牢固。"天将救之"，老天爷要救人，因为要人回头去救地球，所以老天一定要救人。"以慈卫之"，他一定会赋予人类早日恢复这种慈爱的本性。人类开始用慈来自卫，来自助，也就是早日返本归真，早日感悟到《道德经》所讲的精髓。圣人不得已才临天下，这句话非常重要。

我们中国人，到现在为止都是这样，做什么都是不得已，推不掉。能推我就推，不能推那只好做，既然做了就要做得像，就这几句话而已。什么叫作得像？以慈爱天下，只有慈才有办法爱所有的人，而爱只能爱一个人。以约守天下，要把天下守住，一定要量入为出，一定要节省，当省不用，当然当用也不省。

最后以不敢为天下先保天下，你才保得住。其实对执政者来讲，老百姓花样越多，你越小心，越不利。革命的时候是要花样多，出奇兵。但是一旦革命过后，我们整个社会要安定，所以不敢为天下先，是比较安全的。

曾仕强详解道德经：德经·第三十一集

《道德经》第六十八章说:"善为士者,不武;善战者,不怒;善胜敌者,不与;善用人者,为之下。"这里的"不武,不怒,不与,为之下",就是"不争之德"。而只有这种不争之德,才能够达到中国人所追求的"天人合一"。那么,这种天人合一,究竟是一种什么状态呢?《道德经》第六十九章,讲到了用兵,老子认为用兵最重要的是"祸莫大于轻敌。轻敌几丧吾宝。故抗兵相加,哀者胜矣"。大家都懂得哀兵必胜、骄兵必败的道理,也都知道轻敌的危害,但老子说"轻敌几丧吾宝"所指的"宝"是什么呢?

第三十一集

现在的人很喜欢谈权利、义务,但这跟《易经》的说法是完全相反的。《易经》告诉我们,人活着只有责任,不要计较权利、义务,但是全世界都在讲权利、义务,我们讲责任,合不合适?是不是真的不合时代的潮流了?下面我们看《道德经》第六十八章,老子是怎么说的。

老子说:**善为士者,不武;善战者,不怒;善胜敌者,不与;善用人者,为之下。是谓不争之德**。中华民族把士农工商这样安排,就表示我们非常重视"士"这个阶层,士就是读书人。读书人一向是领导社会风气的一群人,但他们不是凭知识。《论语》中记载,人家问孔子怎么种田,他说不要问我,我不如老农;问孔子受伤了,骨头断了,怎么接,他说不要问我,你问大夫。可见,孔子并没有说,每一个人什么知识都要懂,因为各有专精。

孔子所讲的"士"是修德,在伦理道德方面做别人的模范且问心无愧,这个人就有资格叫读书人。如果只会用考试做手段来谋取利益,这就不叫读书人。但是这种观念长期以来,都已经被糟蹋掉了,被破坏掉了。认为读书人就是会考试,就是求职比较方便,升官比较快速,甚至还告诉你书中自有黄金屋,书中自有颜如玉。这些都是破坏者,都是不正当的。如果一个人为了住黄金屋,为了获得美人心,才去读书,那么这种人品德一定不好。为什么全世界越重视知识,人心越坏?当你考进北大以后,很多人就想来跟你"提亲":我现在先给你奖学金,你毕业以后不必

曾仕强详解道德经：德经

去找工作了，就到我这来。那你就专门为他们而做学问了，或许你就觉得品德不需要了，这是我们教育最大的败笔。其实要在这方面改革，而不是讲其他的那些，那些都是末，这个才是本。

"善为士者"，善于修道的人，很重视提升自己品德的人。"不武"，不会表现出好武的心态，这样叫作文。中国人只有用文来"化"，没有用武来"化"。当然，"善为士者""不武"，不是完全看不起武，而是不表现出来，他用文来让大家感受到和谐的一面，可是他用武来保护他自己。文武是不能分离的，孔子是文武并重，老子当然也是这样。

一定是能文能武的人，才有资格叫士。一个品德好的人，没有适当的武力可以保护弱者，品德好也没有实际的功效。所以现在很多人就这样，什么事都不做，只是嘴巴上说怎么样，那是口说而实不至，没有什么好的效果。我们自古以来都是能文能武，你才有资格帮助别人，才是真正的修道人。但是他平常不显露出武的一面，真正需要时才显出。

"善战者，不怒"，很会处理战事，很会打仗的人，不轻易发怒。因为一发怒就会影响用兵的决策，因为发怒而战争是非常可怕的事情。有人说不对，当年武王一怒而安天下。不错，但是你要记住，重点是后面那三个字：安天下。善战的人要么不怒，要怒就要能够达到安百姓、安天下的目的，他才可以怒，否则的话乱杀人那还得了？不轻易冲动，不轻易发怒，但是为了救人民，为了保卫国家，那就要怒，那个时候怒是正当的。可见我们再三讲不武，就是为了要武，不怒就是为了要怒，不敢就是为了要敢，这才是《易经》的思维。

《道德经》第六十八章接着说，"善胜敌者，不与；善用人

第三十一集

者，为之下"。古往今来，善用人者得天下，而老子告诉我们，善于用人的人，一定要"为之下"。这里的"为之下"是什么意思？而"善胜敌者，不与"中的"不与"，又该如何理解呢？

"善胜敌者，不与"，善于克敌制胜的人，不跟对方一天到晚缠斗在一起，否则就表示你不会打仗。从早打到晚，还有什么好打的？以静待动，以逸待劳，先把自己立于不败之地，我不跟你打，最后等你自己败。大家马上想到一个人，这个人也许名声不是很好，但是他用得很绝，就是三国时代的司马懿。司马懿知道诸葛亮很行，自己一打就输。其实打赢也是输，为什么？一打赢他就没命了。大家从这个例子就可以知道，打胜命没有，打输命也没有，唯一的办法就是"不与"，即不跟你打。但是不跟你打要有一套方法，逃不过，打不赢，那又不打又不和，还能保住自己性命，这个人就不简单。

"善用人者，为之下"，你很会用人，但一定要处于下，不能到处摆架子——我就是老板。老板是人家认定的，不是你自己称呼的，所以中国人很少自己称自己是总经理。但是现在不知为何这种情况很普遍。我们小时候没有一个总经理会自己称呼自己是总经理，人家称他总经理，他说客气客气，我这是小店。你越谦卑，其实你的地位越高，人家从心里把你捧得越高，你才是真的高。你自己摆阔，自己摆架子，其实在人家心里，你是很低的。所以低跟高是相对的，你越想高，最后越低；你越是能够低，最后得到的越高。"为之下"，就是你对人很谦卑，对人能够礼让，人家不知道你是大老板，你也用不着生气，也没有什么好气的。

老子真的是苦口婆心，他讲了这么多，又怕我们搞不懂，所

曾仕强详解道德经：德经

以他就说了，"善为士者不武"，善战者不随便发怒，善胜敌者不跟他缠斗，善用人者为之下。这些现象就叫作不争之德。**是谓用人之力**，只有不争之德，你才有办法上下同心协力。**是谓配天之极**，你才有办法登峰造极，跟天同在，与天相合，走到天道，那就天人合一了。老子已经从很多方面来告诉过我们：天人合一，就是你想做就能做得到，但是你不相信自己，那就算了。

> 老子已经从很多方面来告诉过我们：天人合一，就是你想做就能做得到，但是你不相信你自己，那就算了。
> ——《道德经》的智慧

老子告诉我们，不武、不怒、不与、为之下，就是"不争之德"，而只有这种不争之德，才有可能实现"天人合一"。但是，中国人为什么要追求"天人合一"呢？

我们必须要回想一下，全世界范围里只有中国人认为，人为万物之灵。这句话是周武王告诉我们的，他认为人是有责任的，我们的责任就是要帮助天地，来把宇宙、把世界弄得越来越顺畅。这就是配天之极，就是赞天地之化育。

因此孟子才会讲，"天将降大任于斯人也"。这句话告诉我们，全世界范围之内，老天爷只把这个责任降给中国人，因为中国人懂，并愿意去做，其他人连听都听不懂，老天爷也没办法。可惜现在的人，几乎都接受西方的观念，认为人就是动物的一种，而且比其他动物还搞怪，比其他动物还自私，一切唯利是图。人类发展到现在，就用三个字把所有东西都毁掉了，就是商业化。你本来可以不争的，可是商业化一来，你不能不争；你本来可以无欲的，可是商业化，整天吵得你晚上都不能睡觉，刺激你，给你很多的欲望。商业化是非常可怕的东西。那怎么办？就只有从自己做起。怎么做？很简单，修道。修道只有一种方式，就是老子反复说的，不争。不争不会饿死，不争也可以创新。不争当然可以为天下先。为什么？你只要把本性做出来，只要一切凭良心，怎么做都可以。创新你会不凭良心吗？我创新出来这东西，不急于推出来，就是不敢为天下先。你说那人家就第一个把智慧财产权登记走了，那我们就想办法，把智慧财产权改掉，不用现在的方法就好了，那叫治本。

我们先把老子这些思想放在心里头，慢慢感悟了以后，自然会去调整自己的做法。而且后面像滚雪球一样的，越来越快，你才懂得什么叫作用人。得人心才叫用人，这个其实《道德经》中已经讲得很清楚了，你用一个人的力，他不会为你尽力的。你用他的心，就很轻松，因为他会把自己的心力表现出来。西方人，到现在都在管你有没有准时，都在管看得见的部分，而看得见的部分，是完全不可靠的。

我们要把自己推到极高点，但是又能够安身立命，好好做人。不像很多人，到处显神通，表示他跟别人不一样，那个都不是真的，真人不会搞那些花样，他们都实实在在的。大家把高跟低看成一样，把大跟小看成一样，把善跟恶看成一样，但是不要糊涂，关键就是不糊涂。你就慢慢地知道，它本来就是合一的，本来就是玄同，不同而同。

完全没有分别心，自己先摆脱了利害关系，摆脱了生死关头，没有生死的恐惧，这时候你的顾虑就很少，你的动机就很纯正，你的目标就很明确。目标明确就随时可以调整，很多人认为目标明确就是固定走一条路，那是西方人的思想。我们不是，目

曾仕强详解道德经：德经

标明确不是直线运动，不是线性思考，该转弯就要转弯，该偏就要偏，该正就要正，但最后复归于正，随时调整。所以还是那句话，不管是儒家还是道家，就一句话，时时刻刻都要随机应变，永远不可以投机取巧，如此而已。这样就可以配天之极。当然难，所以圣人犹难之，但是你要做，要从最小的地方开始做，养成习惯就好了。

《道德经》第六十九章说"用兵者有言：吾不敢为主，而为客，不敢进寸，而退尺"。现代战争的观念是，要掌握主动权，要先发制人。可是老子为什么却说，真正会用兵的人，不仅要为客，而且要宁退尺，也不敢进寸呢？

老子言道不言兵，传道不传兵，但是老子也很清楚，兵强国家才会强，兵弱国家一定弱。强者可以战，也可以不战，它有主导的权力；弱者只有被迫，完全没有主动权，这是现代人无可奈何的命运。老子当年就感受到了。因为那时候兵荒马乱，他亲眼看到了，没有哪个国家敢放弃军事装备，除非打算把国家送给别人。

为什么现在全世界最多的钱都花费在武器上面？就是因为军事要发展，不能不发展。而且少数国家发展，多数国家就不敢不发展，这就变成盲目的竞争。大家也都知道，这对人类的生存是偌大的威胁，但是谁都不敢轻言放弃，这就叫无可奈何。无可奈何怎么办？《道德经》第六十九章就在讲这些道理，我们来听听看。

老子说：**用兵有言**。"用兵"就是善于用兵的人，"有言"就是他们常常这样说。可见老子并没有说我说，我个人的意见或者我个人认为，他跟孔子一样，没有意见，只是人家传了那么久，一些好的话，我们拿来研究研究。"用兵有言"，以前善于用兵的人，他们常常讲的就是这一句：**吾不敢为主，而为客；不敢进寸，而退尺**，就是说我们这些打仗的人，不敢主动出击，就是不敢为天下先。其实这句话，在现代比在以前还重要。

请问大家，现在每个国家都在演习，谁敢发第一枪？都不敢。因为现在资讯透明化了，谁发第一枪都是赖不掉的。卢沟桥事变，还可以赖说，这是中国人先动手的，因为那时候资讯不发达，摄像机都还没有，口说无凭，那我们也没有办法。现在钓鱼岛谁愿意开第一枪？谁也不愿意。所以为什么会僵化在那里，你敢你就先动看看，一动就后悔。日本也知道，当年的甲午跟现在的甲午，情势已经完全不同了，所以他不敢动。我们也是不能动，因为如果动就变成我们是侵略者了，给了大家很好的借口。所以这个情势其实很简单，日本已经心虚了，他老想激怒我们，让我们发第一枪。但是我们有《道德经》，我们不怒，虽然我天天警告你，但是我不怒。我不为主我为客，你打我，我不会放过你，可是叫我先打你，我不干，这是上策。

"不敢进寸，而退尺"，我不愿意为了一片土地就进了，结果后面引起很大的问题。我愿意暂时不动，但是我不会忘记，我会告诉全世界的人，钓鱼岛永远是我们的，可是我用不动来消弭战祸，用和平的方法解决，这都是《道德经》告诉我们的。

老子加以评论说"吾不敢为主，而为客；不敢进寸，而退尺"，这是古人讲的话，但是这两句话是什么意思呢？老子就说了：**是谓行无行，攘无臂，执无兵，扔无敌**。老子讲得真好。"行无行"，我用兵行军，你看不到我的行列，都说你到底摆的是什么阵？我现在没有阵，有阵就破得了，没有阵就无从破起了。我用兵行军出你所料，你找不到我的出处在哪里。老实讲打

曾仕强详解道德经：德经

仗最怕对方摆的阵自己看不懂，那怎么打？"攘无臂"，击退敌人的时候不用我的臂力。我不出手，你看不到我的手臂在挥动，我就把他打退了。"执无兵"，军力最主要的来源不是兵器。我相信现在大家很清楚了，表面上看起来是经济，实际上是文化。很多人都说现在是经济战争了，一切为了经济，其实不是，经济后面的就是文化，这次完全是文化竞争。"扔无敌"，我使敌人受患的时候，没有一点儿仇敌的意思。我不骄，但是我也不扔。我没有说把敌人打得死伤遍野，我自己在那里叫，因为这不是打拳，这跟打拳不一样。那毕竟是令人很伤感的事情，老子形容得非常贴切。

说到用兵，老子认为最重要的是"祸莫大于轻敌。轻敌几丧吾宝。故抗兵相加，哀者胜矣"。大家都懂得骄兵必败的道理，也知道轻敌的危害，但为什么说"轻敌几丧吾宝"，这里老子所指的"宝"是什么呢？

老子接着说：**祸莫大于轻敌，轻敌几丧吾宝**。你轻视敌人的话，就很容易自大、自高、自满，就不能以虚待物，以慈对人，那非败不可。当然我们现在不用说哪个国家了，大家都很清楚，它始终都认为自己是世界上最大的，要怎么样就怎么样。它把所有国家都不放在眼里，这就叫作轻敌。老子的感觉是"几丧吾宝"，他几乎把我三个宝都丢掉了，这三个宝并不是真的什么宝物，而是天道。把天道都丢了，那还能有什么希望呢？

故抗兵相加，哀者胜矣。这是老子下的一个定论。其实老子当初也知道，不可一日无兵。人类不战争则矣，一战争就是永远有战争。其实战争也是老天爷许可的一种行为，当人口太多的

第三十一集

时候，你要解决这个问题，因为资源毕竟有限，养不起太多人，所以只好用战争。一次战争会死很多人，然后地球的负担就降低了，可是那毕竟很残酷，令人很伤感，很悲痛。所以现代人都不太想要战争，也不敢战争。那我们就开始用人口计划，其实人口计划是取代战争的。真的到了人满为患，大家没有饭吃，不打才怪，谁都禁止不了。所以从这个角度来看，同样一个世界，同样一个时代，有的国家鼓励生育，有的国家一定要控制生育。因为环境不同了，有的国家领土很广大，人口很稀少，它当然要鼓励生育。而有的国家，人口已经过多了，你还让他自由生育，那就麻烦了，所以一定要有计划。这个跟谁对谁错完全没有关系，而是合理的。我们现在可以看到，你没有兵，就没有办法保护自己的国家。因此，国不可一日无兵。

但是我们的武治，是要止戈为武，我们用军力来保护自己，使敌人不敢乱动，而不是我们军力强大以后去侵略别人。关键是在这里，这就叫作爱好和平。所以老子虽然说非兵，他不赞成兵，但是也会讲抗兵相加。"抗"就是举，我举兵，你也举兵；我出兵，你也出兵。双方的军队相对而战，"哀者胜矣"，这就是我们常讲的哀兵必胜。老子这个"哀"字用得非常高明，他说你打胜仗，不要用办喜事的心情，因为杀了那么多人，就算你再正当，这也不是喜事，所以要以丧事来处理，哪怕死的是敌人，他们也是人。有一天他们明白这个道理，就不会到处去打人家。这里老子用"哀"来导正好战好杀的心态。人类不可能避免战争，但是不要用战争来当作炫耀，向全世界表示自己了不起的一种手段。那就叫好战、好杀，这是不耻，是不合天道的。

老子用"哀"来告诉大家，凡是用兵都是不得已的。非到最后关头，我们不轻易出手，中国人向来都是这样。第三十一章

曾仕强详解道德经：德经

大家回想一下，"杀人之众，以悲哀泣之，战胜以丧礼处之"，就表示说我们虽然打胜仗，心情还是很凝重，我们期待以后能够长此不仗。这才是老子的真意。哀兵必胜真正的意思是说，我用慈、用哀、用怜悯老百姓的心来对待战争这件事情，因为老百姓是最无辜的。这样就会合乎天道。如果用合乎天道来打仗，就会仁者无敌，绝对立以不败之地，对方胜也是暂时的。

日本侵略我们的时候，几乎把中国搞垮了，当然大家现在体会不了当时的状况，但像我们这个年龄段的是亲身经历过的。当时中国人好像从来没有觉得，日本人会把我们的土地占领掉，从来没有这种想法，总认为日本人只是来一阵子就回去了，他们不可能在这里待久。很奇怪，中国人就有这种心理。因为日本人是不遇之请，违反了天道，违反天道就不能持久。果然不错。日本人一下子想把中国吃下来，最后自己无条件投降了。那是日本历史上永远的耻辱，想改也改不掉，这就是老子所讲的话，我们现在得到了验证。

曾仕强详解道德经：德经·第三十二集

人们都觉得《道德经》深奥难懂，但老子在七十章中却说："吾言甚易知，甚易行。天下莫能知，莫能行。"为什么老子觉得，自己说的道理很容易懂，也很容易做，而天下人却莫能知，莫能行？《道德经》第七十一章说："知，不知，上；不知，知，病。"老子告诉人们，知自己不知道还好，但有些人不知自己对于道的了解只有一点点，反而以为什么都懂了，这是一种"病"。那么，怎样才能避免这种病呢？

第三十二集

到底是"知难行易"还是"知易行难",很多人会说,当然是知难行易,知道的就很方便做。其实,这仅仅局限于科学的部分,你不知道开关在哪里,一旦知道了它就在这里,打开就是。可是道学刚好是相反的,它是知易行难,知道但是很难做到。

所以在《道德经》第七十章,老子就很感慨地说:**吾言甚易知,甚易行**。我所讲的话,你一听就懂,你要做马上就可以做,但是事实上,刚好是相反的。**天下莫能知,莫能行**。天下的人那么多,根本就听不懂,也做不到。

老子接着就告诉我们原因在哪里。他说:**言有宗,事有君**。任何一句话一定要找到它的起源是什么。老子不太讲"我认为",他从来没有说"我认为"。他说的"我"其实都是用"吾","吾"就是五个"口"同时讲。意思是说《道德经》中讲的话,都是前人所讲的。之所以用前人所讲的话,就是因为前人讲的话都是经过了时间的考验,如果经不起时间的考验,两三年就被淘汰了,那是传不下来的。所以"言有宗",讲话一定要根据老祖宗那种流传很久的话来讲,因此我们叫它为"集前人之大成"。孔子也是一样,孔子也没有说"我认为",孔子说"天无言",天根本就不说话,那我还说什么话呢?所以弄得他的学生很紧张,老师你再不说话,那我们怎么去跟人家说呢?从这句话我们可以听出来,学生不能随便对外面说话,否则就是辱没师门,就是出卖老师。

"事有君",任何一件事情,都有它主要的原则,所以我们

179

曾仕强详解道德经：德经

每一个人所讲的话，都不太一样，因为立场不同。立场不同，你就应该讲这话，不应该讲那话。就算你心里面想的是那样，但是除非你不干这件事，否则只能说这种话，这叫"心中有主"。我心中有个主，这就是为什么现在的人有些情形明明是知道的，但是做出来完全乱了套，走了样。说话要根据前人的话，做事情要根据你所在的立场，这就是"言有宗，事有君"。

老子认为，自己的思想之所以"天下莫能知，莫能行"，就是因为，虽然老祖宗有很多智慧留传下来，但是因为每个人所处的立场各异，认知的程度和做事的方法就完全不同了。对于这种情况，老子持什么态度呢？

老子告诉我们：**夫唯无知，是以不我知**。他说只有那些无知无欲的人才不会到处去让人家知道自己的厉害，而现在的人就是到处想让人家知道他们的厉害——你知道我是谁吗？你知道我有多大能耐吗？你不相信就试试看，基本都是这种。这种人是离道很远的，你根本不用花时间去跟他打交道，他连下士都还不如。因为下士听完以后还会笑，但他不会笑，完全违反了道，到处炫耀，到处张狂，到处卖弄，唯恐人家不知。老实讲，如果老子活到现在的话，他还是会躲在深山里面，不愿意出来，唯有那种无知无欲，才会不为人知。"是以不我知"，所以他们才不了解我讲话的用意是什么，才不会很冷静地去面对我所讲的话。一般人好求知识，反而不明道，这是老子反反复复讲的，"为学日益，为道日损"。那些越有学问的人，他听到"道"就老是说这个我知道，那个我知道，其实根本不知道。

知我者希。知道老子所讲的"道"的人越来越稀少。**则我者**

贵，所以能够按照"我"所讲的，即老子所讲的依道而行，就显得更加珍贵。因为物以罕为贵，知道的人越少，《道德经》就越可贵。不要说没有几个人读，老子就很生气，老子没有生气，他说"知我者希，则我者贵"，天下真正了解我的人越少，我所传的道就越高贵，越值得珍惜，才使得更加有职业道德的少数人去读，这种观念才是正常的。

是以圣人被褐而怀玉。圣人为了不让人家知道他是圣人，于是就披上一件粗布衣服，表示跟大家一样。我们内怀才德，要把它当作宝物，要很珍惜，不要随便丢掉，但是外面要罩以粗布的衣服来保护里面，这样里面的好东西才不会消失掉，才不会受损伤，这才叫作品德高尚的人。"被褐怀玉"，指的就是一个人的修养。

老子用"被褐怀玉"来提示人们，真正修道之人，一定深藏不露，但究竟应该如何做呢？老子在第七十一章中告诉人们："知不知，尚矣；不知知，病也。"为什么做到这点，就可以达到深藏不露的境界了呢？

《道德经》第七十一章讲：**知，不知，尚；不知，知，病。** 知道了你不要自满，不要认为自己真的知道了，才是最高境界。其实大多数人也都知道，道家的修养很重视深藏不露，只是大家听完以后往往会产生一种怀疑，只是有的人不说出来，有的人说出来：深藏不露跟没有才能有什么两样？有才能不露就等于没有才能。此话听起来很有道理，但实际上真的是不了解《易经》的思维。第一，深藏不露者不是没有才能的人，没有才能的人不需要深藏不露，因为即使他们全部展露出来也就那么一点点。深

曾仕强详解道德经：德经

藏不露，跟没有才能的人一点儿关系都没有。深藏不露有个先决条件，就是你一定要有才能，而且你的才能还不小。钱要带好，就表示你赚了不少钱；一共就两个铜板，你拿到路上丢来丢去，也不会被抢。所以没有才能，或者才能很小，根本不要去想深藏不露，那是笑话，那是贻笑大方。第二，人家记住了你，就会想办法打听。第三，人家害怕你，就联合一帮人把你排挤出去。第四，你曲高和寡，根本没有人听得懂，大家认为你是疯子。这样大家才知道，以后凡是听到道就会笑的人，不要理他是最好的，理他完全是白费力气。

我们看到《易经》前面两个卦，第一个叫乾卦，乾卦初九爻，爻辞是潜龙勿用。就算你是一条龙，但是当你没有飞上去以前，你在地上随时会受到各种动物的打击，所以你要潜伏在那里，不要乱动，一动对你就是不利的。当有朝一日，蓄积到相当大的能量，而且碰到好的机会，一飞冲天的时候，飞龙在天，没有人拿你有办法，你就尽量地飞，不用顾虑。

坤卦，初六爻，爻辞是履霜，坚冰至。当你踩到霜的时候，要联想到，现在就有霜了，今年的冬天会很冷，所以赶快趁现在大家还没有抢购寒衣，没有涨价以前买一件放在家里面，有备无妨。我们为什么要守愚如愚，为什么要道隐无名，为什么要以知为不知，就是因为知识范围广了，永远谦虚的人才能够获得更多的东西。中国人见面老是让对方先说，自己不说，因为先说话的人是最吃亏的，你把所知的东西都说出来了，人家本来不知道，他全听懂了，人家本来缺的，他补全了，只有你一个人来的时候这么多，走的时候还是这么多，毫无所得，只增加一些白发而已。聪明人能不说就不说，眼观四方，耳听八面，就会得到很多东西。

第三十二集

《道德经》第七十一章讲得非常妙，老子说：知，不知，上；不知，知，病。一个知道的人，知道就算自己很知道，还是有不知道的部分。所以"知不知"就是说，我就算知道，不是假装，假装是虚伪，我还要告诉自己有太多的事情是不知道的，这种是最高尚的境界，所以就简单几个字而已"知，不知，上"。相反，"不知知，病"，根本不知道，或者就知道那么一点点就认为自己都知道了，然后抓到机会就吹嘘，抓到机会就宣扬，抓到机会就说自己有好东西要跟大家分享，弄得人家看到你就很讨厌，就你那一点儿东西还拿来跟我们分享，但是人家不方便明说，所以你永远不知道。"病"就是很大的毛病。

知道一星半点，就自以为是，到处炫耀，老子所指出的这种"病"，在现代社会里更是处处可见，我们应该引以为戒。老子接着说，"圣人不病，以其病病"，圣人当然不会有这种毛病，但是"以其病病"是什么意思呢？

圣人不病，以其病病。圣人之所以被人家尊崇为圣人，是因为他不求人知，他不觉得自己很了不起，他不随时教训人家，也不到处跟人家分享，圣人很谦虚，很礼让，很卑下，所以他没有这种毛病。"以其病病"，因为圣人知道这种毛病是真的毛病，必须要去除才能够不病，这样才叫"病病"。第一，要知道这是病，但一般人不知道这是病，认为这是最好的机会，难得大家都听我的，但是不知道听完回去该怎样还怎样。第二，知道这种病要去掉才不会有病。第三，知道自己要把这个病去掉才不会跟一般人一样有通病。通病就是通常都有的病。当这些都没有了，你就会发现自己越来越寂寞，其实圣人本来就应该寂寞，不寂寞就

曾仕强详解道德经：德经

不要装圣人，因为永远只有少数人认识你，就够了。

越是普遍知道的真理，越不珍贵，这个道理有待大家去想。我们每次都这样举例，观世音菩萨的法器是很厉害的，他一甩所有人都到西方极乐世界去了，普度众生。可是他不这样，他要大家自己去修，修多少算多少，走多少算多少，你能过去就好，过不了自作自受，因为人要靠自己，不要靠外力，靠外力所得到的东西都不是你的。

夫唯病病，是以不病。因为圣人知道以不知为知，所以不存在任何可以忧虑和担心的东西。孔子每次入太庙都问礼，这很奇怪。孔子是礼的专家，照理说他入太庙应该是以专家的姿态，说你这个不对，这个不符合，那才叫专家。而孔子没有，孔子入太庙每次都问，真有这样的，为什么？他要印证自己的记忆是否有错，他要印证是不是现在人家改的他不知道，他要印证这些人是不是真的知道了，有的人虽然在管理，但是完全不知道，要不然怎么会传错了呢，就是因为圣人把这种毛病了解得很透彻，而且去除地很彻底，所以他没有这个毛病，也能够避免自己再犯上这种毛病。

正因为圣人知道这种毛病的危害性，所以能够避免这种毛病的发生，但是这种毛病确实存在普遍性。作为"人非圣贤"的普通人，我们有能力做到"是以不病"吗？

我们一般人虽然做不到，但是不要放弃，尽量朝这个方向去修。道是不可知的，随意你说知道不知道，你说我知道，最后就是不知道。凡是问你懂得《易经》吗？你说当然懂了，《易经》读了几百遍了，你问别人也许不懂，问我就问对人了。这种人你

第三十二集

最好少相信他。我们要"求道",要认道,要行道,以无知入道,以无名为体,以可以知者为用。我先去走,先去行,先去体验,同时还要多请教别人。

今天科学证实的一件事情,是我们对老子"道可道,非常道"更进一步的佐证。就是我们一般人,总认为当已知的部分越来越大的时候,未知的部分应该越来越小。我现在不知道的东西有这么多,因为我知道的东西太少了,我不断地求知,当我已知的部分快速膨胀,未知的部分一定是变少的。但事实刚好相反,你去问科学家他会告诉你,当我对这件事情不太了解的时候,我以为我全都知道了,可是当我知道越多的时候,我才知道不知道的东西更多,这才是事实,因为它是无限大的。

为什么老子一直说知识不好,就是我们不知道知识是有限的,它带给我们太大的分别心了。当你觉得你懂的时候,就已经把自己框在里面了,就开始拒绝那些与你不同意见的东西,知道的就越来越窄,最后受害的人是你自己。读儒家的书,读完了还要读老子的书,但是现在的人,以不知为知,稍微有一点儿见识,就认为自己不得了了。有个博士,一开口就说我看过什么,认为他懂了美国,认为美国没有好东西吃。我每次听到人说,美国没有好东西吃,心里就有数了,此人不太了解美国。

"夫唯病病,是以不病",认为这事那事有毛病的人自己就是毛病一大堆,而且非常严重,我们大家都要互相勉励,不要害自己。

曾仕强详解道德经：德经·第三十三集

《道德经》第七十二章说:"民不畏威,则大威至。"意思是说,当老百姓不再畏惧统治者时,统治者的末日就到了。为什么会出现这种情况?统治者又应该如何做,才能安抚百姓?俗话说:天网恢恢,疏而不漏。这句话正是来自于《道德经》第七十三章:天网恢恢,疏而不失。然而现代人喜欢说"难逃法网",法网和天网有什么不同?究竟什么是"天网"呢?

第三十三集

《道德经》第七十二章，老子讲了两句话，听起来都很平常：**民不畏威，则大威至**。"民"是老百姓。如果老百姓不害怕威权、不害怕威势、不害怕受逼迫，就形成一股对君王很大的威胁。民通常是怕威胁的，威势一来他们就怕，否则你怎么管他们。可是到了某一天，他们完全不怕的时候，就形成一股很大的威，威胁君王。"大威"就是天威。古代的皇帝叫作天子，天的儿子最怕的就是天，天子最怕的就是天威。天威是难测的，因为风云会变色，晴雨不定，不可捉摸。但是天威在哪里呢？天威不是打雷，天威就是民威，帝王最怕的是老百姓造反。老百姓为什么会造反？四个字：官逼民反。你弄得他走投无路的时候，他怕也没有用的时候，就开始不怕了。物极必反，怕到连怕也活不下去的时候，那就不怕了。所有的老百姓都团结起来造反了，历代历朝之所以会亡，就是因为民反。

深谙此理的唐太宗说过：水能载舟，亦能覆舟。那么，怎样做才能得到老百姓的拥戴？《道德经》第七十二章接着说："无狎其所居，无厌其所生。夫唯不狎，是以不厌。"这又是什么意思呢？

无狎其所居，无厌其所生。"狎"是轻视、看不起，"其"是人民，"居"是心所居的地方，就是一个人的内心世界。"无狎其所居"，就是你在上位的时候，完全无视老百姓内心的感

曾仕强详解道德经：德经

觉。我们为人民服务要重视人民的感觉，你对他很好，他没感觉，这就糟糕了，赶快去调整。我们出台的很多很好的政策怎么老百姓没有感觉呢？这当中的原因，才是我们要追究的。

"无厌其所生"，"厌"是玩弄，不要玩弄老百姓的生存之道。其实道很宽广，一句话讲完，各有其生存之道。猫有猫的生存之道，鸟有鸟的生存之道，人有人的生存之道。但人里面更复杂，商人有商人的生存之道。我们常常讲你这个商人满脑子都是钱，这种话也不公道，他不满脑子是钱，他怎么算是商人；说你当官就知道公事公办，那当然公事公办，不然怎么办，不然怎么叫官。我们有时候讲话很随便，好像以为自己很有道理，其实都经不起考验。

夫唯不厌，是以不厌。只有不轻视老百姓的感觉，才不会去玩弄老百姓的生存之道。这是一种解释，另外一种解释是，当官的不轻视人民的生活，人民就不会厌弃君王的统治。他认为你来管他，是为他服务，当然求之不得。我们把这个连接起来，一切都是因果。为人民服务首先要照顾老百姓的生活，因为老百姓只有生活的要求，没有其他的要求。

《道德经》第七十二章最后说："是以圣人自知不自见，自爱不自贵。故去彼取此。"那么，老子所强调的"自知不自见、自爱不自贵"，和我们常说的"自知之明、自重自爱"又有什么区别呢？

是以圣人自知不自见，自爱不自贵。故去彼取此。老子说了上面那些以后，他有一个小小的结论：圣人是知道自己的，但是不会去炫耀自己的见识。如果你讲得太高深，人家以为你故弄虚玄，因为他根本听不懂；如果你讲得太浅显，人家会认为圣人不过如此，就跟一般老百姓所讲的话没有什么不同，是假的圣人。

"自爱不自贵"，中国人只有告诉你，自己爱自己，从来没有叫你去爱别人。西方人很少让你爱自己，都让你爱别人。听起来西方人比较伟大，实际上自爱是根本，一个人不自爱，会爱别人吗？全是假的。我们都是讲根本的话，不太讲那些表面的话，这才叫《道德经》。《道德经》是讲本体，不是去讲那些现象。"不自贵"，不自己认为尊贵。凡是自认为尊贵的，其实一点儿也不尊贵。

举个例子，那些社会上大家比较不重视的一些人，他们一抓着机会就要显示自己很尊贵，这其实是一种自我弥补的心理。这种现象我们看得太多了。没有学问的人，一抓到机会，就想把东西说出来；有学问的人，可能认为这是很平常的事情，谁能说就去说，用不着自己说。我不说，也不在乎你们认为我有没有学问。一个唯恐人家不知，唯恐人家不了解自己很尊贵的人，就是没什么的人。一个人不会炫耀自己的知识，不会处处显示他跟人家的不同，这个人才是内心真正很充实的人。

看重自己就开始贬低别人，有心要利用他人，处处欺负别人，这种人一旦人权在握就会逞一己之欲，甚至于草菅人命，搞得天下大乱，人心不安。老百姓所要求的就两个字而已，叫作安定。孔子说"修己以安百姓"，老子说"君王自知自爱"，他们两个人共同的目标就是要得人心，得到老百姓的拥戴，重视老百姓内心的感觉。因此老子特别提出要自知，要自爱。自知就是要反省自己关怀别人，自爱就是爱惜自己尊重别人，这是大家非常期待的。讲到这里，大家应该有感觉，《道德经》已经在我们社会上逐步地在展开，一步一步在实现，这才是中华民族伟大复兴

曾仕强详解道德经：德经

的具体事实。

《道德经》第七十三章说："勇于敢则杀，勇于不敢则活。"俗话说：狭路相逢勇者胜。老子却说，勇于敢的人"则杀"，而勇于不敢的人"则活"。我们都很清楚"勇敢"是什么意思，但老子所说的"勇于不敢"又是什么意思呢？

现代社会是法治社会，经常谈到法网，但是老子提出另外一个观念叫作天网。到底是法网比较高明还是天网比较周密？我们要听听老子的说法。

《道德经》第七十三章，老子一开始就讲了两句很重要的话：**勇于敢则杀，勇于不敢则活**。你容易敢作敢为、毫无顾虑，就已经走上死亡之路。勇于敢，最后杀，勇于不敢，则活。这两个都是勇，勇于有所不为，勇于慈哀谦弱，这是老子教给我们的。一个人要直，一个人要哀，"哀"就是用怜悯的心，要顾虑到更多人的权益，而不是说我们少数人。谦弱，谦就是处下，不是以高来看低，而是你站得高要照顾低的，因为低是你的基础。"弱"不是我们一般所讲的弱，而是柔，老子讲"弱"多半是用柔才能收到弱的效果。这样你就走上生存之道了。一个是死亡之路，一个是生存之道，哪个是利，哪个是害？

所以老子就问了：**此两者，或利或害**。一个利一个害，都要自己去看。两个都是勇，我要做我就做了，也是勇，我不做就不做，还是勇；有所为是勇，有所不为还是勇。可是勇于敢的人，绝对是害自己害人家，勇于不敢的人，绝对是利己利他。我们回想下，老子说"吾有三宝"，就是天道有三宝，其中有一宝叫作不敢为天下先，我们马上就知道了：**天之所恶，孰知其故**？天为

第三十三集

什么不喜欢勇与敢,天为什么会照顾那些勇于不敢的人?

法再怎么严密也有漏洞,有些人专门研究法律的漏洞,利用此造成社会的不安。有人说只要不违法,我就敢做,这种勇敢其实是害人害己的。相反,法律固然没有说不可以这样,但是我良心不安,我还是不做,这个人是属于真正的勇敢。一般人很少做这么细腻的比较。其中的利害关系要很仔细地想得长远一点,才能够了解。老天爷是公正的,它不会因个人的意见就有所偏爱,自古以来都是勇于敢则杀,勇于不敢则活。但是这并不代表老百姓不可以表示意见,百分之百听话当奴才,也不是说我们要愚民,因为那也不是老子的主张,更不合乎天道。就是因为有这么复杂的内容,所以是以圣人犹难之,因为一般人不太容易了解,圣人就再三地反复地来解释,表示他很重视,表示他很关怀大家,希望大家能够好好去体会,去了解。

我们常说的"天网恢恢,疏而不漏",其实就来源于道德经第七十三章中的"天网恢恢,疏而不失"。那么,究竟什么是"天网"?天网和老子所说的天之道四法则又有什么关系呢?

老子按着说:**天之道,不争而善胜,不言而善应,不召而自来,坦然而善谋**。他一共讲了四个自然法则,因为天道就是自然法则。自然法则有四条,大家随时可以去印证:第一条,不争而善胜。你不跟任何人争,永远是胜利者,你跟人家争,马上就引起别人要争。我没有否定说你在奥林匹克运动中一定要争第一,你争得一时的光荣,这是很大的贡献。但是不要认为,这一次的光荣就代表一辈子,代表永远的光荣。因为那不符合自然的道理。不争就善胜,不争的人永远是胜利者,因为人家不会把你

曾仕强详解道德经：德经

当目标，也搞不清楚怎么样才能超越你。另外，有的人刚开始看起来非常有学问，可是没过多久，他所知的东西就讲光了，以后就重重复复、颠三倒四，自己都乱了。我们才知道，原来他没有什么学问，这种人非常多。但是有的人你开始听他讲觉得没有什么，可是他不停地有新的东西，越听越觉得这人好像没有止境一样。你喜欢哪一种？刚开始看没有什么，越看越有，你会比较喜欢跟他接近。刚看非常了不起，越看越没有什么，你会越来越跟他疏远，这叫作天之道。不言而善应，我们不会用言语来表达。因为老天根本不说话，你怎么用话去跟它对应呢？但是现代人话非常多，很多事情做就做了，他还要描述给你听，其实已经听过几百遍，他还以为你是第一次听。这个时候你再不读《道德经》，这样一路下去，搞到最后人都不像人了。

"不召而自来"，天道从来没有要求万物要归向于它，可是万物自己会选择。你归于道，顺于道，会活得更好；你离道，叛道，很快就枯死了。所以它不用说话，也不会说我们来开个会，我们来论坛，我们来对话，我发个微信给你，通通用不着。可是你乖乖地自然要归向于它。

"坦然而善谋"，非常坦然，没有心机，不需要花费任何脑筋，就是要自自然然，但是它安排得非常细密周到，而且一点儿也不疏漏，万物就自动地配合天道而行。

老子讲完天道这四个法则以后，接着讲了一句话，这句话流传非常广：**天网恢恢，疏而不失**。我们后来传成"天网恢恢，疏而不漏"，其实原文是"疏而不失"。"不失"就是没有一个能逃得了。你说我律法，我没有律法；你说我规定，我没有规定；你说我戒律，我更没有戒律，我就是这样，你要照做就照做，不照做我也不管你。天网宽大得不得了，谁都看不见，自然因果就

第三十三集

叫天网。疏而不漏，天地万物没有一个逃得过。人不争气、愚蠢、自甘堕落，把这么好的天网丢掉，制造出天天挨骂的法网。全世界没有一个国家对他们自己所定的法律是满意的。

我一再说明，我们现在不能反对法治，因为我们现在没有选择。我们已经沦落到没有选择了，只好乖乖地接受法治。但是我们这种伟大的复兴是从法治开始，然后返本归真，恢复大道，所以法治一段时间以后，要提升到礼治。礼治还不够，大家知道怎么规范自己、要求自己、管好自己，那就变仁治了。仁治还不够，有一天大家说，我就是尊道贵德，那我们全国都是无为而治，这就是返本归真了。那时候最开心的人就是老子，他一定笑嘻嘻地说各位真好。

法治是基础，要慢慢去提升，所以我们中国人嘴巴上一定要讲依法办理，但行动要有数。很多事情都要看情理，不是法外施仁，不是法外开恩，而是在法内才可以衡情论理。触动法那就是违法，有什么法外开恩呢？我们对法的观念搞得非常清楚，才有办法一步一步提升。因为法治有三个阶段，一个叫立法，一个叫司法，一个叫执法，全世界都一样。现在只要加一句凭良心，就够了。凭良心立法，凭良心司法，凭良心执法。只要做到这三句话，我们的法治就是全世界最好的。人是活的，有脑筋，才有人情事理，法是死的，法律也要人来应用，很多概念现在是该厘清了。

> 凭良心立法，凭良心司法，凭良心执法。
> ——《道德经》的智慧

曾仕强详解道德经：德经・第三十四集

《道德经》第七十四章有一句著名的话："民不畏死，奈何以死惧之？"老子身后两千多年，中国就是一部改朝换代的历史，其原因就是老百姓实在活不下去了，冒死罪铤而走险揭竿而起，推翻了当朝统治者。可悲的是，下一个朝代的统治者，又会重蹈覆辙。《道德经》第七十五章中，老子指出了民之饥，民之难治，民之轻死的原因。纵观中国历史，无论哪个朝代，当统治者视百姓为刁民，严刑峻法与民争利之时，便是社会动荡，王朝倾覆之日。为什么老子在几千年前，就能够预言到后世所发生的事情呢？

第三十四集

贪生怕死好不好？一个人如果不怕死的话，那是非常可怕的，所有人都会怕你。一旦你不怕死，那比谁都凶狠。在正常状况之下，贪生怕死是人之常情。当然也有例外，在战场上，为了保家卫国，为了抵抗敌人，根本不把死当一回事。除此之外，还有民不聊生时，求生不得，根本就活不下去了，还怕什么死呢？从这个角度来看，凡是铤而走险，我们都认为他不怕死，实际上他是最怕死的。

同样挨饿，有人觉得，再挨几个月，应该没有问题，这种人属于比较不怕死的人；有人说不行，再挨个几天我就没命了，于是去抢银行，去贩毒，这比那种忍不住的人，还怕死。我们一般人的观念认为，贩毒的都是不怕死的人，其实刚好相反。大家想想，他家很有钱，但还贩毒、吸毒，那就不要把他当作正常人，他是十足的变态，可以活不想活，有生路偏往死路上走，那就是老子所讲的"动之死地"。我们不可以同情他，因为他是自找死路，活得不耐烦了。我们把这些东西，分清楚以后，再来看《道德经》第七十四章，就知道老子所讲的用意。

老子说：**民不畏死，奈何以死惧之？**一旦有一天你发现，老百姓不怕死的时候，就算你用把他关在牢里，判他死刑等手段来威胁他，使他恐惧，都没有效果。他心里想那也不过是死，我现在也是个死，有什么区别，所以他不怕。这样说起来，如果把深刻的地方讲出来，真的很难听，就是法律到底是干什么的？法律是保护坏人，还是保护好人？其实真正了解法律的人，会告诉

曾仕强详解道德经：德经

你，法律是要走到有一天没有人犯法，那才叫法治。如果法律是为了抓人，为了监牢里面没有人住，非抓几个人关进去，那是不对的。有死刑，但是到最后，判不了任何人死刑，因为没有人犯这么大的罪行；有监狱，但是没有人犯法，所以监狱空着就空着，它是备而不用。法律到最后应该就是这样，即整个社会，根本不用它。

现在有个大问题，就是商业化以后，律师要生活要赚钱，如果大家都不犯法，那他的钱从哪来？所以就有人去找看病的人："这个医生给你药没有？""有！""你病好了没有？""还没有。""那就告他，告他没有把你治好。""告要钱的，我花不起。""不用你付，我全部都给你付了，告赢了，我们一个人得一半；告输了，全部我负担。"他一听，这是好事情，那就告了。所以医生也当不了了，不想告的人也去告了，法院跟医院一样，门庭若市，这个社会还有希望吗？

老子当年其实没有看到现在的状况，但是道理是完全相通的，就是你能对老百姓怎么样，四个字而已——威胁恐吓。威胁你、恐吓你，把你抓起来，最后判死刑。当老百姓怕死的时候，法律绝对有效，那么，老百姓为什么怕死？因为他活得了，当然怕死。所以法律一定要让老百姓生活小康。而老百姓要过小康生活，那就必须要劳动，必须要努力去工作，才能够有收入。如果再努力，也找不到工作，再工作也挣不到钱，自己的生活都保障不了，这时候法律就完全没有用了。那他们就会铤而走险，你所有的威胁，所有的恐吓他们都不在乎，这个社会就大乱了。

老子身后中国两千多年的历史，就是一部改朝换代的历史。而每个王朝的末期，都是因为老百姓实在活不下去，铤而走险揭竿而起，推翻了当朝统治者。可悲的是，下一个朝代的统治者，又会重蹈覆辙。那么老子认为，究竟应该如何管理百姓呢？

反过来说：**若使民常畏死，而为奇者，吾得执而杀之，孰敢**？如果我们让老百姓都有求生的门径，使老百姓能够过小康日子，威胁他恐吓他就有用处。你要守法，否则我就把你的店关起来，把你也关起来。他就会怕。如果在这个时候，他"而为奇者"，再有作奸犯科，搞些奇奇怪怪的花样，那"吾得执而杀之"，我们就可以把他抓起来，然后处以死刑。孰敢？就没有人敢犯法了。

可是老子还提醒我们，这样做不是好现象。我们遍观古人的书，没有人说，治天下的人，治国家的人，不可以判死刑。所以现在我们听到哪个国家，把死刑废掉了，就是很先进的，很文明的国家，其实不见得。老子很久之前就已经说，不可以判死刑，但是他之所以这样说，跟现在这些所谓人道主义、人权都不一样。什么叫人权？你好好做人，就有人权；你不好好做人，根本就没有人权。

老子认为，人是自然万物当中的一种，是自然生自然死。换句话说，天生人，天杀人。所以我们常常骂，这个家伙天杀的，就表示人不可以杀人，除了战争，当然战争最好避免。老子是非战者，他不主张战争，但是该战的时候还是要战。

尽量不要去判死刑，"**常有司杀者，杀**"，因为司杀的人，不是人而是天，天老爷自然会收拾他。天道自然，到时候就会杀。我们民间传得很清楚，只是大家没有意识到。我们说不是不报，时候未到。具有永恒的杀人权的，永远是道，不要摆在人身上。现在是否行得通，我们不知道，因为即使有很多国家把死刑

曾仕强详解道德经：德经

废掉，但是还有些国家，因为很多的原因，最起码暂时还无法废除。必须要等一段时间，时机成熟的时候，才可以废除死刑。但是我们不要忘了，老子当年提出的论点，跟现代人是有差距的。我们将来会走这条路吗？不知道。到时候再说。

现代社会有些国家废除死刑，是基于"人道主义"。但是老子认为，人是没有权力决定别人生死的，人的生死，只能顺从"天道"。这是为什么呢？

老子接着说：**夫代司杀者，杀，是谓代大匠斫**。照理说，"杀"是天之道，不是人之道。如果现在，我们用人来杀，那叫作代司杀者。我是代替自然来施行杀的任务。这样，唯一让我们担心的，就是代司杀者很可能会借故杀人。自然生自然死，没有借故，也不可能借故。可是，如果把人意加进去，那就很难说了。

有一条法律，到现在我们始终不敢去谈它，叫作安乐死。这个人活得很痛苦，他的病又治不好，天天要受罪，生不如死，他自己觉得这样活着没有价值，还累及全家人。为什么说久病没有孝子？就是刚开始，儿子可以请假，久了也请不了了，请不了就辞职，辞职到最后活不下去了，连生活的费用都没有了。刚开始亲戚朋友会来帮忙，时间长了也无能为力，怎么办？所以有的国家认为，既然这样我们就依法让他死了。其实操作起来很简单，医院有很多病人，只要把插管一拔，他活不了就死了。那为什么我们不敢通过？很简单，一通过安乐死，大家很容易想象到后果怎么样？有钱人大概最危险，因为他的小孩子会想，你这么有钱，这种状况还活着干吗？你想把这些钱花光吗？那你花光了我用什么？安乐死，他就死了。没钱的人也活不了，你没钱，还拖拖拉拉活着，安乐死，他也死了。

夫代大匠斫者，希有不伤其手矣。凡是代替天道来砍杀的，很少有不伤害自己的。这就叫报应，这就是天网，不仅仅是法网而已。依法无罪，但是内心是不安的。我们现在在医院里经常可以看到，医生问家属，如果我在这里割他一刀，还可以透气，还可以活，如果我不咔嚓一刀，他就活不了了，人很快就走了，你选哪一种？谁都不敢做决定，因为我们有个良心在，你今天说不要，很快他就走了，走的人没事了，活着的人就开始天天想那个事情：我为什么当时那么残忍？为什么不给他做气切？为什么那么自私？

这样各位才知道，法院里面法官判案，他的成绩跟西方人计算的方法不太一样。我们有一个让外国人很不解的地方，就是法官尽量不判，尽量庭外和解，就是受到老子的影响。但是我们是活在现代，这里再三强调，我们希望法律的最终目的是不用法律，刑具是摆在那里，最后可以不用。我们现在有无期徒刑，有死刑，但是希望没有人犯到这么严重的罪行。慢慢地来转化，转化到有一天，我们的社会，可以不需要死刑，而大家都很和谐，那才是最了不起的。

我们千万记住，司杀的路不在杀，而在广开生路。只有广开生路，才可以减少杀戮。一般人想事情老钻牛角尖，老往一个角度去想，《易经》告诉我们，事情要从两面去想。没有法院不行，但是我们希望有一天，法院尽量能够达到庭外和解的目的。没有律师不可以，但是有一天，我们会达到律师是劝和的，而不是动不动就起诉的，动不动就提到法院里面去，

—— 《道德经》的智慧

《易经》告诉我们，事情要从两面去想。

曾仕强详解道德经：德经

在那里拼命想如何把对方搞死的，这种出发点就不对。

老子在《道德经》第七十四章，劝诫统治者，要善待民众，然而具体的方法，则在第七十五章中阐述。那么，究竟是什么原因，让老百姓"饥""难治"，甚至"轻生"？又该如何让他们安居乐业呢？

老子告诉我们，怎么能够知道老百姓饥饿呢？你看他的脸色，看他的穿着，看他走路的样子，看他整天愁眉苦脸，你还看不出来他饥饿吗？

所以《道德经》第七十五章，一开始就讲：**民之饥，以其上食税之多，是以饥**。老百姓，为什么会饿到这个地步？因为居上位的人，吃太多的税收，老百姓的收入除了缴税以外，剩下没有多少，所以就饿得很难看。其实老百姓饥饿，不完全是因为食税。税收只是其中的一种，难道老子不知道吗？老子当然知道。

老百姓会饥饿，有两大主因，即一阴一阳，一个叫天灾，一个叫人祸。我们以前是以农立国，农业是靠天吃饭。老天在你需要水的时候，偏不下雨；在你要晒谷子的时候，偏偏下雨，甚至你还没收的时候，把你整个淹没掉了，叫你白种。你说天太坏了。天并没有坏，因为天是没有意志的。它没有故意，它完全不动心思，它就自然干旱，自然下雨，完全按自然在动，没有任何计划，没有任何心思。可见天灾很少。所以说老百姓饥饿有几个原因，一是你自己不努力，跟人有关；二是找不到工作，跟人有关；三是老板把钱赚了，不增加你的工资，甚至跑到外国去，跟人有关；四是税收太苛刻了，跟人有关；五是空气污染、环境污染，还是跟人有关。所以老子很坦白地说，老百姓饥饿，大部分是人为的因素。

太复杂、很难料，变化多端，老百姓控制不了，所以吃不饱。再推广一点：**民之难治，以其上之有为，是以难治**。老百姓为什么那么难管？因为居上位的人，出于种种原因，多方面干扰老百姓，调派他们做这个做那个，但是老百姓是要工作的。以前孔子教我们要使民以时，你要老百姓为公家做事情，要考虑这个时间点对他来说是否合适。他在正常工作的时候，你不能叫他来做事，否则就影响到他们了。

举个很实在的例子，秋天要收割的时候，人工是绝对不够的，要互相支援。这时候你让老百姓做事，那都是民怨。我自己工作都做不完，你还叫我去做这个，做那个。这就叫有为。老子书上的有为，就是跟自然规律相反的动作。你为人民服务，这叫工作，你光领薪水不工作，那还得了？可是你工作，要顺着天时，顺着地利，顺着老百姓的民情，而不是说你这时候想做什么，想要有政绩，就做了。不该砍树的时候，下令砍；不该种树的时候，下令种。老百姓一方面觉得可笑，一方面又会怨恨。

人求生不易，不得不铤而走险，就叫作有为。因为你所作所为，不贴近民意，不顺应时事，天时、地利、人和，都不恰当，老百姓被你逼得走投无路，你却说他难治，说他是刁民。老子以前说的到现在还是如此，几千年来，几乎没有什么改变。

纵观中国历史，无论哪个朝代，当统治者视百姓为刁民，严刑峻法与民争利，胡作非为之时，便是社会动荡，王朝倾覆之日。为什么老子在几千年前，就能够预言到后世所发生的事情呢？

这是人性，人性是不会改变的。所以很多人说，老子怎么那

曾仕强详解道德经：德经

么神，几千年前讲的事情，现在还历历在目。因为自古以来，人没有改变，只是住的房子有点改变，只是看得见的这些有点改变，人所想的，心里头的欲望，是非善恶的标准，都没有太多改变。

老子接着说：**民之轻死，以其上求生之厚，是以轻死**。"轻死"就是不怕死，把死看得太轻易，太随便，一点儿没有安全的观念。民为什么会轻死？我们已经讲过，他求生无门。居上位的人，求生之厚，他们把自己的生活，看得太要紧，他们希望他们的生活，远远超过老百姓，要穿名牌，要开名车，出去要摆阔，请吃饭要有面子，这就是奢华。老百姓被搞得求生无门，因此他们就把死看得不是很重要。

老子说：**夫唯无以生为者，是贤于贵生**。老子又根据一阴一阳，把官员分成两种，一种节俭朴素，为老百姓做模范，把注意力都用来照顾人民的生活，这种叫作无以生为。另外一种叫贵生。我是当官的，我当然比你们了不起，你们算老几，你们能活成这样已经不错了，还求什么？我们家就不一样，我们要有派头，要有架势，要有门面，我们家小孩子出去，就是高人一等。这两种一摆出来，大家心知肚明哪一种是贤。贤就是高明。当然是前面那种，无我、无欲、无私，使老百姓求生意志很强，不会轻死，社会充满了生机，国家充满了希望，这种人是受到拥戴的。后面这种，贵生。谁不知道自己生命可贵，谁不知道自己生存很重要，可是，第一你要守分，第二要照顾到全面，因为人与人之间，是彼此互依互爱的，谁也没有办法脱离群众生活。

大家要清楚，人最要紧的是什么？是自己管好自己，叫作自律。我们今天口口声声要

> 人最要紧的是什么？是靠自己管好自己，叫作自律。
> ——《道德经》的智慧

救人，其实应该先救自己。我们口口声声说要爱护地球，其实要先爱惜自己的荣誉。先把自己管好，才有资格作别人的榜样。少管别人，多管自己。所以有时候我们说，各人自扫门前雪，少管他人屋上霜。很多人认为这话太自私，叫作唱高调。自己门口的雪，都不知道去清除，老指指点点，说人家屋上的霜会把屋顶压垮。这种人很多，而且他认为自己很有学问。

我们祖先所讲的话，如果不对，很早就会失传，如果传下来，而造成负面的影响，就是解释错误。像老子的书，如果个不是很细心的话，很容易会错意，因此老子背负着很多坏名声：这位老先生阴险狡诈，不负责任，讲的那些话都是害人的。我也听到过这些方面的言论。但是老子已经讲过了，就是因为知道的人很少，所以他自己觉得毕竟还是有存在价值的。如果老子所说的，都是人云亦云，都是一般内容，那这本书也没有存在的价值了。

曾仕强详解道德经·德经·第三十五集

老子在《道德经》中，反复强调"柔弱胜刚强"的道理，七十六章又说道："故坚强者死之徒，柔弱者生之徒，是以兵强则不胜，木强则折，强大处下，柔弱处上。"然而在现实生活中，人们为什么总是喜欢争强好胜？老子在七十七章中提到："天之道，损有余而补不足。人之道则不然，损不足以奉有余。"可见老子也认为，人道与天道是有差距的，那活在人道的人们，为什么一定要遵循天道，修养自身呢？

第三十五集

为什么我们常常说《易经》是中国文化的总源头，因为诸子百家都在解释《易经》的道理。《易经》可以说是道，而诸子百家是从它的立场，讲出道的片面道理。但是，孔子跟老子，他们的思路比其他各家要宽广得多。我们可以这么说，孔子从正面来讲《易经》的道理，老子专门从反面来告诉我们《易经》的道理。比如孔子说男儿当自强。这里要提醒大家一点，中国人讲男包括女在内，中国人讲天一定包括地。所以不要以为说，男儿当自强，就是女人不必自强了。还有解释成重男轻女，其实这都是错误的看法，不是原来是错的，而是传承错了。

人人都争气是从正面来看，老子却讲弱，他不讲强，因为他看到大家一味争强好胜，最后的效果很不好，争到最后两败俱伤，争到最后没有公义，争到最后势必结成党派。道理很简单，你争不过人家的时候，只好结党。结党是找一些志同道合的人，志同道合这四个字本来是好的，也不得不变坏了。好强的人，几乎人际关系都很差。老子为了扭转大家偏向"强"的形势，他才不断地讲"弱"。老子讲处下处弱，不过是一种描述，并不是真的要我们下，要我们弱。

我们可以看到，七十六章老子是讲弱的：**人之生也柔弱**。我们要看一个人到底是活还是死，其实很简单，你就按一按他的肌肤，按下去很快弹回来，活着；按下去你的手出来了，肌肤还凹在那里，回不过来，死的，因为它没有弹性了，僵化了，这是非常容易了解的。"人之生也柔弱"，一个人活着，就是因为他的

曾仕强详解道德经：德经

气是通的，有经络在动，气血畅通，所以他的肌肤很柔软，筋很柔。我们常常讲，一个人筋柔寿就长。比如有很多人喜欢扳自己的手指头，就是希望自己的筋柔一点儿，没事要拉筋，筋越柔，你的寿命就越长。

其死也坚强。人死的时候，僵硬不能动。所以很多人总是感慨说，自己行将就木，木是棺材，就是我差不多要进棺材了，因为四肢都僵化了，腰也弯不下去了，向后仰也仰不了多少度，左右的各种角度都很有限。小孩就不一样，小孩怎么弯都可以。老子是最善于观察的，他一看，小孩子多柔软，大人越来越笨拙，最后就是僵硬，这就是人生的过程。

再看草木：**草木之生也柔脆，其死也枯槁**。随时可以看到，草木有生命的时候，它的枝条很柔脆，可以随风飘摇，很美，可是死了以后，就枯槁僵硬，很容易折断。活着的树枝，不太容易折断，枯槁的一碰就断，因为它里面已经不滋润了，已经没有水分了，已经完全没有弹性了。接着老子下了一个简单的结论：**故坚强者死之徒，柔弱者生之徒**。

人的一生难免遇到挫折，唯有"坚强"，才能渡过难关，继续生存。然而老子却说"坚强"招致死亡，"柔弱"才是生存之道。这里的"坚强"与"柔弱"，究竟该怎样理解呢？

我们用最通俗的话来讲，"坚强者死之徒"，就是脾气坏的，迟早要气死自己；"柔弱者生之徒"，就是修养好的，不会受气，活得很愉快。有人说，我就是脾气坏。脾气坏你改不改，是你自己的事，不改就两个字，活该。脾气好也不能好到说完全没有脾气，那也是不负责任的。都不关你的事，心已经死了，那就太过分了。脾气好不是忍出来的,忍对身体是不好的,脾气好应该是宽厚,宽厚跟忍耐不一样,这些都应该分清楚,稍微有点儿缺失,稍微有点儿偏差,后果就差得太远了。

我们要了解自己,才有方法调整自己。说改很难,要从调整开始,慢慢地调整,调整到自己满意。当然,你很快又会不满意,因为你的要求会提高,这是最好的现象。不要要求自己马上改,太难。有人说我从现在开始要怎么样,这讲一百次都没有用,因为要求太高。慢慢改,改了一点点,心里就很欣慰,然后就希望自己再有点儿进步,这才是比较有效的方法。

老子接着说:**是以兵强则不胜,木强则折**。兵强气盛,打仗反而不会胜。如果两军相对,一定是兵多的赢,还要打吗?那就站出来比一比,马上就分胜败了,还可以少死很多人。往往初看起来是寡不敌众,但是结果往往是寡胜众,兵多的反而一下子溃败掉了,这种案例很多。因为兵强气盛之时,很容易骄傲,自认为是世界上最强的,但是老天会证明原来你并不强,骄兵必败,木强则折。大家想想,每次一阵大风过来,断的都是那种很直、一点儿都不妥协的树枝,那种摇来摇去的反而不会断。所以老子下的结论很有趣,他说:**强大处下,柔弱处上**。

从古至今,小到个人,大到国家,都喜欢变得"强大",如果真如老子所说"强大处下,柔弱处上"的话,为什么人们总是喜欢争强好胜?老子这句话,到底有着怎样的深意呢?

"强大处下,柔弱处上",千万不要把它看作是有形的位移,而是一种气的调和,强大的一定要处下,不见得;柔弱的一定会处上,也不见得。我们从两句话来体会,第一句话,叫作

曾仕强详解道德经：德经

"好男不与女斗"。大家想想看，男的跟女的斗，女的一定吃亏，男的体型比较高大，体力比较强，女的怎么打得过？就是因为这样，我们才创造出这样一句话，好男不与女斗。从表面上看，好像我们看不起女性，但实际上是为了保护女性。

小时候，我一听到柔道冠军，总觉得这个人真是了不起。有一天我碰到这位柔道冠军的时候，他被打的到处都是伤，我那时候也很天真，就问："你不是柔道冠军吗？"他有一点儿生气，说："是啊，怎么样？"我说："那怎么被打成这个样子。"他更加生气。我说："我很好奇，怎么还有人比你更厉害。"他说："我太太比我厉害！"我说："你太太难道柔道比你还强？"他说："要是她强的话我们两个就有的拼了，可是她根本不会，我一出手她就得死了，搞得我都不敢出手，随便她打，就被打成这个样子。"柔弱胜刚强，所以柔弱处上是因为他的柔弱，受到大家的保护，他才会居上位，不是真的他居上位、占上风。

第二句话，"大人不记小人过"。大人不能计小人过，不然就不叫大人了，这其实也是强大处下的一种通俗化的演绎。我们中国人很了不起，会把那些思想家很高深的话变成很容易了解的话，然后流传得非常广。大人不记小人过，对方听完之后，就只好什么都忘记了。小人不是说一定是坏人，只是地位比较低的人。大人就是地位比较高的人，你怎么斗也斗不过他，他老是记恨你，你就糟糕了。所以为什么说，宰相肚里要能撑船。就是你要么不要当宰相，既然当宰相，就要能够容纳百官不同的意见。不能说你说了就算，否则有时候是会误国的，这才是老子的真意。不是说强大的人处处都要低下，那也做不到，那也只是形式化，只是一种虚伪。

我们要了解，一个会柔的人，才是会刚的人；一个经常不发

第三十五集

脾气的人，偶尔发脾气，人家才会重视，才会检讨。如果你常常发脾气，根本没有人理你。所以老子所讲的是一种描述，不是一种事实。

正因为现实中，往往是"柿子专拣软的捏""人善被人欺"，人们才会处处争强，轻视柔弱。那么，为什么人道与天道，会有着如此大的差距呢？

天道本来就跟人道有差距，人要靠自己的修养，才有办法慢慢地天人合一，这需要从小做起。我大学刚毕业的时候，我能做什么，人家谁都不把你看在眼里。那时候就要认分。所以人家骂我，我也不觉得是欺负我，我认为长官都是这个样子；人家讲话很难听，我也不觉得受耻辱。我慢慢觉得，这是每一个人的生存之道，没有什么好坏，没有什么对错，没有什么高低，然后慢慢地就能够想出一条好办法，就是走出自己的路来，要不然你活不了多久。

我骑脚踏车，后面汽车追上来，我能怎么样？如果逃，脚踏车被汽车碾得整个轮子都变形了，能怎么样？如果报警，警察也觉得好笑，说你骑车不小心。开汽车的人，永远看不上骑脚踏车的人。还会说你有本事开车啊，骑脚踏车算什么？你能把这些人通通关起来吗？做不到。一个人处弱的时候，要记住，争强好斗，是完全没有用的，因为自己斗不过他们。所以要顺应，然后找出一条自己的生路，你就很刚强。

我曾经被一个老板骂过这样的话，他不是当我面骂，是跟别人讲的："曾某人算什么，他只是一颗小鸡蛋，我是个大石头。你小鸡蛋来碰我大石头，会粉身碎骨的，还是我很坚强。"我听

曾仕强详解道德经：德经

了，也觉得是这样的。人家是大老板，当然是这样，我也不生气。因为我慢慢了解到，所有这些事情，都是对自己一个很好的借鉴。于是告诉自己，哪天如果我有权有势，可不要像他那样。我相信老天会收拾他。果然如此，因为像他那种人，打击他的人很多，而像我这种柔弱的人，谁也看不上眼，打我干什么，我反而就没事。这才是真正活用老子的智慧。

听起来好像我这个人很懦弱，其实不是，而是我们常常讲的一句话，识时务者为豪杰。当年曾国藩有十八省的兵力，足够把清朝推翻，不必等到孙中山。当时很多人说，你把皇帝干掉，自己当皇帝，甚至连太平军都说，你只要肯当皇帝，我们全部拥护你。曾国藩摇头，这不是懦弱，他知道整个时势不适合自己出来。当然这一段有很值得我们挖掘的智慧。曾国藩明白，清朝皇帝一百个不相信他，要钱不给钱，要人不给人，还让自己去打太平军。他心里最清楚，皇帝随时随地会要他的命，别人根本看不出来。别人都是怂恿他，曾国藩心里好笑，你们想害我也不用这样子。所以他始终是柔弱自居，最终能够寿终正寝。

老子如此强调"贵柔、处弱"，正是因为从自然中总结出的天道如此，虽然人道可能相反，但天道是具有制衡作用的。《道德经》第七十七章，就阐述了天道的制衡，"天之道，损有余而补不足"，这一损一补有何依据？天道究竟是如何制衡的呢？

现在很多人，其实对西方的政治也不是很了解。只是懂得皮毛，就大发议论，说西方多好，有制衡的力量。什么叫制衡？天道就是最好的制衡，它最公正。人的制衡经常有私心。中国人最不适合的就是两党政治，因为执政党不管是谁，在野党只有一个目的，就是日日夜夜，无所不用其极，想把执政党拉下来。两党政治，不争不可能，一争就是你死我活，没有商量。

诸位可以从很多现象去了解，西方人能不能两党政治，那是他的事，中华民族不适合就是不适合。我们必须要知道，大位是天定的。如果你相信大位天定，就相信有天道。天道对每一人都制衡，对动植物也制衡。所以老子在七十七章，他就来解释天道怎么制衡。

他说：**天之道，其犹张弓与**？"张弓"是我们最熟悉的，因为我们有弦有弓。怎么张弓拉弦，怎么样调整弦使箭射出去，既有力又能命中目标，中国人最内行。这是根据天道想出来的。下面他又解释说**高者抑之**，太高了，压低一点儿。**下者举之**，太低了，拉高一点儿。**有余者损之**，弦太长了，把它缩短一点。**不足者补之**，弦太短了，把它续长一些。这就好了。这不是创新，是调整，所以中国人经常调整。现在我们学西方，满口创新，其实没有必要。因为创新最大的问题，就是养成老百姓的一种错觉，认为新的都是好的，于是就会喜新厌旧，喜新厌旧就会造成浪费，造成夫妇不和，造成盲目追求新的，这就很容易上当。

一家新馆子开张，许多人来排队，造成老板一种错误的感觉，认为自己的东西是符合市场需要的，于是急急忙忙去开分店，很快就倒闭了。大家想想，电视上常常出现的东西，好不好？好，很神奇，以前没有见过。这是非常肤浅的一种表现，但是现在我们觉得这才是时尚，这才是现代化。

天之道，损有余而补不足。大家看容器盛水，只要是满的，它一定会流出来，你想尽办法去挡都挡不住。既然如此，你那么早求满干什么？满了就招损，满后面就是损，不满就能充盛。我们自己也是这样，倒茶总看哪个茶杯空了，先倒。你的茶还没有

曾仕强详解道德经：德经

喝，还满满的，那我倒什么。最后冷了，冷了是你自己的事，谁叫你不喝，我们都是根据天道自然来做人事安排的。

老子紧接着提醒人们，"人之道则不然，损不足以奉有余"。那么，老子认为这种行为错在哪里了？人们又该怎样做，才是顺应天道呢？

人之道跟天之道几乎完全是相反的。老子说：**人之道则不然，损不足以奉有余**。现在，有部分人专门去欺负弱小的，而巴结富有的。人家已经够穷了，你还有心去赚他们的血汗钱，然后去讨好、去奉承那些本来就不在乎，有足够钱的人，其实这不是老子真正的意思。老子真正的意思是说，你的生命是有限的，你的体能是经不起日夜繁忙的，但是你不在乎，你要把这些东西拿来换虚假的名，虚假的利，那叫作损不足以奉有余。

老子接着说：**孰能有余以奉天下？唯有道者**。什么样的人，能够用自己所多出来的东西，来奉献给天下？答案很简单，"唯有道者"。只有那些真正在行道的人做得到。你说不，现在从事公益的人很多。但此举大部分是假的，你去看看就知道了。美其名，然后来赚私利，那还是损不足以奉有余。因为最后一旦被揭开，一旦把真相公之于世，你一生的荣誉，荡然无存，划得来吗？

老子说，圣人就是懂得这些道理，他体会到了：**是以圣人为而不恃，功成而不处，其不欲见贤**。圣人做了事情以后，好像没有做一样。老子不反对我们建功立业，他只是不居功，他把功劳让给别人。所以历代的道家，都是国家有难，他就出现，稍微一平静，他就隐居了。

第三十五集

朱元璋打天下的时候，我们只知道有刘伯温在辅佐，实际上还有一位，叫周癫，疯疯癫癫的癫。他从来不告诉人家他叫什么名字，后来人家只能打听出他姓周，有老子的气概。你看老子就是，你们叫我什么都可以，我不在乎我的姓名，我讲什么我也不在乎，你们自己学多少是你们的，跟我无关。朱元璋有难，周癫就出现，三两下帮他解决后，就不见了；朱元璋有难，他又来了。太多这样的人，所以真正立功者，有其名是一种，埋名隐姓，把功劳涌涌奉献给别人的，那又是另外一种，这又符合《易经》所讲的，一阴一阳之谓道，各取所需。没有对错，没有好坏。

老子的结论就是一句话而已：其不欲见贤。"其"就是因为，因为圣人不愿意表现自己，是很高明的。当然你也可以认为，他是因为怕遭遇圣名之累，但实际上他连此念头都没有。一般人常常讲，圣名之累，其实就是他还不够圣明，才有这样的想法。真正有圣名的人，他不会觉得自己圣明，因为如果他一直有圣明的观念，就不可能到达更高的层次，就会自满，就会胡作乱为，败坏社会风气。圣名没有累，是你自己要让它累你自己，这就是自作自受。凡是想尽办法要怎么样的人，最后都不能达到原先的目的，还是自自然然，无心最好。因为有意种花花不开，无心种柳柳成荫。我们外面越热闹，越有余，内心就越空虚，越不足。

这才是真相，人心不足蛇吞象。蛇，它不认为象比它大，就把象吞下去，吞到最后自己吞不下去，裂开了，死了。修道人千万

> 凡是想尽办法要怎么样的人，最后都不能达到原先的目的，还是自自然然，无心最好。
> ——《道德经》的智慧

曾仕强详解道德经：德经

记住，要消解外面的有余，来充实内在的不足，这个跟现代一般人，刚好是背道而驰的。外面的有余就是富贵，但是富贵是要让你修道的，叫作修富贵道，而不是富贵让你奢华，富贵让你炫耀，富贵让你摆阔，富贵让你祸延子孙。

曾仕强详解道德经：德经·第三十六集

老子在《道德经》第七十八章中，再一次提到"弱之胜强，柔之胜刚"，然而紧接着却说"天下莫不知，莫能行"。为什么老子认为，天下人明明知道柔弱胜刚强的道理，但没人能够依此而行？

《道德经》第七十九章说"和大怨，必有余怨"，是说人与人之间一旦产生大怨，就不可能完全消除了，那么老子认为，人们怎样才能避免被怨恨纠缠呢？

第三十六集

《道德经》第七十八章，老子讲了一个我们都很熟悉的现象：**天下莫柔弱于水，而攻坚强者莫之能胜**。如果比柔弱的话，天下可能没有什么比得过水。连钢板都可以水滴石穿，也许你会说，那是科技没有发达之前的事，现在科技发达了，电钻一下子钻过去了，还要滴那么长时间？但是电钻需要用电，如果没有电它能钻吗？而水只需要自身的力量就可以。

大家要知道，现在有很多观念已经自我扭曲，一听到胜，我们就有一个刻板的印象说，我打你，你输了，我赢了，我叫胜。为什么老子在第一章就提醒我们，"名可名，非常名"，就是那不叫胜，叫两败俱伤。胜是改变对方的本质，我们现在没有，满脑子都是把对方打倒，把对方杀死，那是人类的愚昧。赢人家，要赢在不知不觉当中，你才是赢者。你赢到对方发现并彻底输给了你，那你就一天到晚开始烦恼、恐惧、忧愁，因为他一定报复。赢的人要装没赢，输的人也要装没输，这是最高境界。你看水滴石穿，水没有赢，它没有做什么，只是滴，石头也没有输，它不过穿个洞而已，会更好看了，说不定有人把它收藏起来，它更有价值。这里面没有输赢。

其实人也一样，"江山易改，本性难移"，所以你胜谁，就看你有没有改变他的性格，如果没有，那就是强制，叫他今天穿这样，明天穿那样，明天戴什么帽子，后天又有不同的规定，那都不算胜。他只是做做样子满足你，你一不在跟前，他又恢复原状了。不是表面的胜，而是实质的改变，才叫胜。水永远不改

曾仕强详解道德经：德经

变，它就是柔软的。装在方的容器中，它就变方形；装在圆的容器中它就变圆形，但是你一倒出来，它又恢复原来的形状，没有改变。谁都改变不了它，哪怕它结冰了以后融化了，还是原来的样子。

所以老子说：**以其无以易之**。天下万物没有一样可以改变水的天性。老子把它叫作天性，就是水从道中得到的天性，人也有从道中得来的天性，那叫人性。如果你说人性也改了，那这个人已经不是人了。

我们常常把性格跟习惯混为一谈，孔子已经很清楚地告诉我们，"性相近也，习相远也"。人不同是习惯不同，不是性格不同。人的本性都一样，但是因为受到熏染，受到教养，受到内心的欲望，而产生不同的习惯。可惜的是，大部分人本性和习惯这两个分不开。有人说中国人就喜欢随地吐痰，随地吐痰不是个性，不是民族性，那是习惯，改了就好了。以前女人裹小脚，裹小脚是习惯，不是民族性，说改就改了。性很难改，习惯只要用对方法，很容易改。

老子接着说：**弱之胜强，柔之胜刚**。你到处可以看到，弱的最后不败，强的一不小心就败了。柔的说难听一点，风向西吹我就向西倒，向东吹我就向东倒，我永远脚踏两只船，哪只船稳我就站哪只船。有人说这不是投机取巧吗？不见得，这也可以说是随机应变。因为你本质没有改，本质改才叫投机取巧。你到了北方，没有米饭吃，就吃面，这叫投机取巧吗？你到了南方，找不到面食，当然要吃米，这叫随机应变。太多人的观念不清楚，然后又喜欢发表议论，自己感觉很委屈，有什么好委屈的？是你脑筋不清楚而已。这些事情稍微冷静一下，你都清清楚楚，会觉得本来就这样，这就叫自然。但是老子也觉得，我们真的需要他的提醒。

他说：**天下莫不知，莫能行**。天下没有人，不知道这些事情，不是只有我老子知道，我也不过是一个普通人而已，但是大家都做不到。

有一种说法叫作"知难行易"，还有一句话说"没有做不到，只有想不到"，但老子认为其实人人都知道，"柔弱胜刚强"的道理，却没有人能依此而行。他为何要下这种结论？人们明明知道，又为什么做不到呢？

人之所以比动物高贵，人之所以为万物之灵，就是常常反省，常常反思。否则一头栽下去，永远都跳不出来。人要跳出自己，但是跳出自己不是做别人，而是跳出自己回头看自己。

那老子到底在讲什么？我们再往下看，他说，**是以圣人云："受国之垢，是谓社稷主；受国不祥，是为天下王。"** 他说这样子我们才知道，为什么圣人说这种话，"受国之垢"，就是愿意接受天下最污垢的人，就是地，就是种谷的农田。"社"就是地神，"稷"就是谷神，都是跟民生非常有关系的。"社稷主"的意思就是说，为了老百姓能够有饭吃，它愿意接受污水，接受泥泞，接受你们种各种种子，它都不计较，而是非常愉快。能够接受天下最污垢的人，才可以担任一个国家的君王。

"受国不祥"，我愿意担当天下所有不吉祥的东西，通通摆在我身上，我都无所谓，是谓天下王，这种人就叫作天下共主。轩辕黄帝就是这样的人。轩辕黄帝，其实也不过是部落王而已，但是因为他做得特别好，所以大家都拥戴他，自愿听他的话，把他推成共主，叫作天下共主。轩辕黄帝当了皇帝以后，遍访名

225

曾仕强详解道德经：德经

师，请教怎么治国，没有得到满意的答案，因为很难找到合适的人。出名的人很容易找，但是真正的名师很难找。他找了72个人，都不满意。其实这72也不一定是72，因为中国人的数字，都喜欢用一些18、36、72。其实多少没有关系，72又怎么样，70又怎么样，无非表示他很热忱，真的去访问了很多人，最后都没有能够让他满意。

大家听了这段应该想到，其实我们中国人去请教人家，不一定想得到答案，只是给他面子尊重他，希望他以后少发表一些为了一口气的那种情绪训话。到了第73个，轩辕黄帝才碰到广成子。一见面广成子就给轩辕黄帝很大的难堪：你把天下搞成这样子，还有脸来问我怎么治理。各位，如果你是轩辕黄帝，你会怎么样？你一听，我好歹是天下共主，你广成子算老几？我今天来拜访你，已经是给你面子了，你还这样子，拂袖而去。如果真是这样我们就不会认为我们是黄帝的子孙了。轩辕黄帝听到广成子这种当头棒喝，他就知道了，广成子不是骂他，不是给他难堪。他知道广成子对他非常好，让他先回去把自己修好，把自己的问题调理调理，下次来会好好告诉他。我想中国人，就是有这么一个悟性，一点就通。

老子讲完了此话后，又赶快讲了四个字：**正言若反**。我讲的这些，都是圣人讲的，他们都是在讲正面的道理，但是听起来似乎好像是反面的话。老子语重心长告诉我们，他讲这些话，都不是故弄玄虚，而是反者道之动的正常现象。为什么清朝结束以后，就再也没有皇帝？你说那是孙中山先生的功劳，我不觉得是这样。孙中山当时也是受国之垢，也是受国不祥，骂他孙大炮，骂他孙理想，批评他的人很多。其实，主要原因是清朝要大家自称奴才。各位想想看，如果有一天，有谁要你自己称呼自己奴才，你会心甘情愿地替他做事吗？所以人心要反。时机成熟，中山先生应运而生，就把几千年的帝制，整个毁掉了。中山先生有多少兵力？大家都知道。但是柔能克刚，弱能胜强。

大家很清楚，吃亏就是占便宜，心里也都很明白，退一步海阔天空，可是我们就没有记住，老子所讲的话，天下莫不知，天下莫能行。为什么这做不到？就是你自己不相信。比如多少人到寺庙里头去求神拜佛，不管求什么，你自己心里头都有一个声音在说，白求，不可能，这整个否定掉了。人最大的敌人就是自己，你只要把自己否定掉了，那任何事情都办不到。每个人都可以感受到，你嘴巴这样讲，心里却不是那样想，那一定做不到。所以我们再回到老子的第一句话，"道可道，非常道"，就是说了半天没有用，你自己去做，做得出来就是你的，做不出来，永远是老子的。

> 人最大的敌人就是自己，你只要把自己否定掉了，那任何事情都办不到。
> ——《道德经》的智慧

由此可见，我们学习道德经，不是背几句老子的话就行了，最重要的是能够按照《道德经》的思想去做，去进行修炼。老子在第七十九章中说"**和大怨，必有余怨**"，是说人与人之间一旦产生大怨，是不可能彻底化解的。为什么会这样？人们又该如何防止这种事发生呢？

当很大的怨恨造成的时候，你再想办法去道歉，去和解，去赔罪，老子说没有好结果，因为必有余怨。对方不可能因为你道歉，就真的化解掉怨恨了，还有余怨犹存。西方人比较容易接受道歉，中国人相对困难。道歉是作用于那种小事情，比如我不

曾仕强详解道德经：德经

小心踩到你的脚，抱歉，这当然无所谓；进电梯的时候，我不小心抢到你的前头，抱歉，就过去了。很小的事情，抱歉就算了。

老子曾经讲过"**报怨以德**"，就是告诉我们，不要等到对方被你得罪了，很不高兴了，你才去道歉，那时候就没有用了。解除这个怨恨，要在没有造成之前。所以报怨以德是指事先防范，不要去触犯人家。

像我这种年龄的人，手里提东西，是不会去碰别人的，如果我们去碰别人，那就是故意去碰的。因为我们从小就被教导，你不可以去碰，碰到就是错，道歉也没有用。这才叫自律，才叫自我约束。但是我看到有的小孩子，好像小霸王一样，就故意去挡别人，让他撞一撞，然后我眼睛看别的地方。父母不教训他，这才是大人的责任。但是现在大部分家庭都这样。

外国人老觉得我们讲话怎么那么大声，就是因为小孩子小时候讲话，从来没有大人告诉他，不要那么大声，人家会讨厌。如果家长认为小孩子不懂事，大声一点又怎么样，就是害他一辈子。因为他长大后，总觉得讲话本来就这样，我从小就这样。他不知道这样子是不对的。要知道，公众场所，这个空间是大家的，不是你一个人的，不是你们家的。

我们现在很奇怪，以前我们出门都穿得规规矩矩，现在出门穿得比家里还随便。尤其坐飞机，有的人穿睡衣，搞得乱七八糟，还在飞机上卸妆化妆，那都是对别人不礼貌。人家可以忍，忍无可忍的时候，他就故意撞你的椅子，故意制造很大的声音，然后两人就吵架。所以老子说，等到弄得人家很不愉快的时候，你才去抱歉，"**安可以为善**"，这种可以算是好的行为吗？当然不是。

第三十六集

对于该如何防止怨恨产生,老子的建议是像圣人一样,"执左契,而不责于人",其中的"左契"是什么意思?人们如何才能做到,不从他人身上找毛病呢?

是以圣人执左契,而不责于人。我请问各位,到底是左大还是右大?很多人会说,那还用问?你真是太外行,当然左大。答案是不一定的,天下事哪有一定的?老子告诉我们要有标准,但是不可以有固定的标准。各位想想看,同样是宰相,左宰相大,右宰相小;同样是将军,右将军大,左将军小,这就不同了。什么叫作契?契就是合同、契约。以前因为没有复写纸,所以就一个人拿一份,各执一份,你拿左,他拿右。那到底谁拿左呢?很简单,就是我欠人家的钱,我拿左,你是贷款给我的,你准备拿这个券来跟我要钱,你就拿右。圣人这样安排,是非常有意思的,右属于武的性质,左属于文的性质。

现在很多人是这样,你不还钱,叫人打断你的腿,那叫讨债集团。你跑到香港我追到香港,逃到英国,我那边有讨债分公司,这是正常的吗?这是善良的吗?这能得到法律保障吗?所以给他右,就表示你不要因为这样,就很神气。因为你多多少少有一点乘人之危。人家为什么要借钱?就是他日子不好过,你趁着这个机会刻意追债,是不好的。大家看为什么现在大街上,很多商店都倒闭了?原因只有一个,不是他不赚钱,不是他不勤劳,就是那些不劳而获的房东,不停把房租加高。房东来收钱,记住拿右契,不是拿左契,就表示多少有点没有良心,把很努力工作的人,都逼得倒闭。圣人执左契,而不责于人。圣人宁愿自己拿左契,表示他永远是欠人家钱的,而且还不怪别人天天跟他讨钱。是你要借人家钱,你受人家侮辱是应该的。"左契",在这

曾仕强详解道德经：德经

里代表一种卑下，处柔的态度。这让我们想起一句话，到底得理不饶人，还是得理要饶人？到底你能不能理直气壮，还是理直要气和，都由自己选择。中国人非常讨厌那种理直气壮的人。得理不饶人，明明每次都不讲理，就这次讲理，你就得理不饶人。太多这种人，好不容易有一次是他有理的，搞得天下人都知道。

老子强调以"处柔"的态度对待他人，就能避免很多怨恨。但是在现实生活中，如果遇到无德无赖之人，是不是也要以"处柔"的方法来一味迁就呢？

有德司契，无德司彻。老子有时候讲话语气很重，就是要当头棒喝，要打醒我们。他说有德的人，信守约定；但是没德的人，注重依法办理。我是房东，你到时候没有交房租，我二话不说就告到法院，可以吗？当然可以，依法。依法就是无德，你应该跟他商量商量，如果人家的确有困难的话，那你再延个十天，不要让对方为难。所以为什么我们要庭外和解，就是法律不外乎人情。如果什么人情都没有了，人而无情，是何以为人？这样一分析大家就知道了，我们一定要依法办理，但是心中一定要合情合理，这两个要兼顾。否则的话，我们将心比心，设身处地想一想，大家会非常不服气。那这样人间的事，不是很难处理吗？

所以老子又提醒我们：**天道无亲，常与善人**。就是说你们这些人，一天到晚只想到法网。我再提醒各位，还有个天网在。天网就是天道，无亲就是天地不仁。天道没有亲戚，没有朋友，你求也没有用，但是天道常常跟那些尊道而行的人在一起。道本来是跟每个人在一起的，只不过你离天道越来越远，天道也莫能助。老子讲这句话，并不代表天有偏心，天绝对没有偏心，它是自然无为。合道的人，当然占便宜；不合道的人，当然吃亏了，这跟道本身没有关系，是你自作自受。

"常与善人"，就是天人自然感应的作用，而不是天有心来照顾你。所以我们常常讲老天啊，你没有眼睛吗？讲讲可以，老天本来就没有眼睛，有眼睛就惨了，那就开始偏心，一偏心人类就很惨，天天要去猜，那干脆不要做事了。老天让你只要顺自然，只要顺天道，你尽力而为，不是它照顾你，而是你本来就应该得到好的结果。但是我们中国人特别有意思，我们凡是得到，自己觉得很满意的，自己觉得好的，都说谢天谢地。那是我们的修养，不是老天的要求，更没有这样的戒律。

曾仕强详解道德经：德经·第三十七集

《道德经》第八十章，老子认为，理想的社会应该是"小国寡民""邻国相望，鸡犬之声相闻，民至老死不相往来"，这样的社会与我们现在的生活相去甚远，为什么说这是一种理想社会呢？八十一章是《道德经》的最后一章，在这一章中，老子对自己的哲学思想，进行了总结。人们认为老子的哲学，就是"无为"，而老子在《道德经》最后一句说道："圣人之道，为而不争。"老子为什么要用这八个字来结束《道德经》呢？

第三十七集

《道德经》第八十章，老子一开口就说：**小国寡民**。这引起很多人的疑惑。难道现在大国众民不好吗？我们回想一下第六十章的一句话，"治大国若烹小鲜"，可见老子也知道，国家要大**势**力才会强盛。大家放眼看现在的世界，印度为什么突然间好像很有力量，就是它"国大人多"。

欧洲人曾讲过一句话，让我非常惊讶，他说我们最羡慕你们有一个秦始皇。在当时年轻的我的记忆当中，秦始皇是暴君，是不好的皇帝，可是我听到英国人，在我面前说了这么一句话，当时真是愣在那里，我说为什么？他说欧洲从来没有出现过秦始皇，所以我们的国家不大。现在搞个经济体都很难，如果想把整个欧洲联合成一个大国，那是永远不可能，我们因此而吃亏。所以大家有时候想事情，要换个思路，秦始皇怎么不好那是他的事，最起码他统一了六国。在中国有两个字，这两个字至关重要，就是统一。我们有统一的概念，这是我们赢过欧洲最大的宝贝。

老子讲"小国寡民"，他有很深刻的用意，我们好好再往下看一下。**使有什伯之器而不用**，可见他没有反对科技进步。西方很多人都把老子当作是自然科学的母亲，可见他们也是花心思研究过，因为老子讲的很多都是物理现象，自然就是物理现象。你有各色各样复杂的器物，但是我不一定要用。我们有各色各样的东西，但是大家不要盲目去追求。我们过俭朴的生活，还是最快乐的，但是也不排斥在这方面有所改善。我们只是说你不要急于

曾仕强详解道德经：德经

去追求，而不是说你要改善生活，我们就反对。

使民重死而不远徙。"远徙"就是远走他乡。有人现在很辛苦，还要定期去坐牢，坐移民监，他为了要移民，又舍不得离开祖国，他很多根基，很多朋友都在祖国，还要回去坐牢。这些人就是不爱惜生命，不重视生命。

虽有舟舆，无所乘之。我交通很方便，什么车子都有。社会要进步没有关系，但是我要用，才去坐，不用就放着，不能说我这有车子，不出去开开人家都不知道，但是出去就堵住。照理说放假是让我们家人团聚，平常没有时间聊天的，聊一聊；平常没有时间做的事情，做一做。现在不行，到处是车子，出去只会堵死在高速公路上面。

下面更了不起：**虽有甲兵，无所陈之。**陈不是陈列，而是列阵，就是准备打仗了，才叫陈。虽然我有各种武器，可以不打人家，但是不能不防人家打我。可是我不打，我无所陈之。以前打仗的时候，先摆出阵来再说。那我用武器去干什么？第一，保护我自己；第二，防止人家来侵略我。中国人爱好和平，就是从这里表现出来的，爱好和平不可以说没有军备，那你连爱好和平都做不到，这是现实问题。所以把老子当作一个理想家，这是不合适的。中国只有道学，没有哲学。我们不像西方的哲学家，把自己困在象牙塔里边。大家看孔子、老子，都很懂得人民的生活，很了解人民心里头在想什么，所以他们的道活在每一个人心中，我们随时都在用。

使民复结绳而用之。结绳记事，它代表的是文字出现以前的一种生活形态。就是告诉我们，人类在没有文字以前，我们是很纯朴的、不会狡诈、不会玩文字游戏、不会做表面、不会说拿一个契约把人家绑死，然后置人于死地。"民复结绳而用之"，就是说你要过实实在在的、很朴实很纯真的、大家心里头很愉快的生活。

老子认为，朴实纯真的生活，才能够幸福愉快，但是现代社会较之老子的时代，物质丰富了很多。在这种情况下，如何才能做到过纯朴的生活？老子所说的纯朴生活，又是一种什么样的状态呢？

下面老子就来形容一下了，他说：**甘其食，美其服，安其居，乐其俗**。"甘其食"，现在的人一听就是那当然了，要吃山珍海味，其实刚好是相反的。就是说你要真能够吃粗茶淡饭，且感觉甘之如饴。其实我认识很多有钱的朋友，他们也跟我讲真话，说在外面吃了那些东西，回家不是很好过。所以只要没有应酬的时候，就吃一个白馒头，喝一杯白开水，肠胃可舒服了，整个人就完全不一样了。

"美其服"，现在的人一听这几个字，就赶快看时尚杂志，赶快去买名牌，而且最好是限量版的。其实老子前面都已经批评过了，这就是自己找麻烦，自己找痛苦。"美其服"就是说，就算穿粗布衣服，我也很自在。"安其居"，不是说我要住别墅，要豪华，其实不是。你不要老往外跑，不要整个心都是向外的，你在家里头就感觉到很满足。"乐其俗"，爱乡土，要自得其乐。各个地方都有不同的风景，就是因为有不同的风景，我们才会感觉到这个世界变化多端。如果全世界都一样，各位想想看，是不是就会觉得很单调很乏味。现在我们偏偏是走这条路，你家在哪里？我家在麦当劳对面。全世界都有麦当劳对面，这句话根本没有作用。人家到中国来，是想看中国人的东西，为什么同样

曾仕强详解道德经：德经

是我们北京的代表，一个叫颐和园，一个叫圆明园，当年颐和园他们不敢打，而圆明园就烧掉了？各位想想如果外国的联军，把颐和园烧掉了，我们感觉会怎么样？这样大家就知道，美国其实没有必要，用那两个炸弹去炸日本，因为日本已经没有办法再打下去，只能无条件投降。可是美国总统一想，我这个时候不用，人家怎么知道美国的厉害？但是他没有炸东京，为什么不炸东京？因为他心里很清楚，只要炸东京的话，现在的美日同盟，都是不可能的，因为那叫作民族的深仇大恨。他们不敢毁我们的故宫，不敢毁我们的颐和园。但是一看圆明园，这都是我们家的东西，怎么搬到你们家来？其实是我们的。我们就要把它们毁了。所以我们现在有很多想法，其实刚好是想错了，以为外国人会很开心，其实不见得，他来是要尝试不同的食物，是要看不同的风景，否则就不必来了。

世界文明是由许多不同的文化组成的，所以，越是民族的，才越是世界的。现在中国有些城市，盲目模仿西方的建筑，反而失去了自己国家的民族特色！现代社会的国际交往非常密切，而老子却说："邻国相望，鸡犬之声相闻，民至老死不相往来。"这个"老死不相往来"究竟是什么意思呢？

邻国相望，鸡犬之声相闻，民至老死，不相往来。 你一定想到，老子完全不能想象，我们现在交通那么发达，资讯那么发达，怎么可能做到他说得这些？其实，交通那么发达，资讯那么发达，我们几乎没有国界的。你到北欧去看，根本没有国界，跑来跑去，一会儿到这个国家，一会儿到那个国家，它们是连在一起的，就是典型的邻国相望。谁都知道是有国家的，但是平安无

第三十七集

事，国界那么重要吗？两国处得很好的时候，谁也不会去想边界问题。开始有意见了，才想边界来划一划，每次都是用边界来做议题。国与国最主要的是什么？声气相通，共同和平发展，求同存异。你的情形我也了解，我的情形你也了解，这就叫作鸡犬相闻。但是我们不一定经常要打交道，为什么？因为我们有利害关系。现在为什么跑来跑去忙得要命，就是你都已经搞到我后面来了，我能不着急吗？所以我只好跑到你后面去，是你惹的。大家说这样跑来跑去，到底人类是和平呢，还是不和平？如果和平的话，打个电话就好了；如果和平的话，国庆我发个贺电，就可以了。现在弄得大家忙得要命，三天两头要开会，就是不能不相往来。为什么不能不相往来，因为有人要闹事。你用这种心情来看老子的《道德经》，就会觉得老子真神，这句话是孔子讲的。我们现在所有的状况，他都料事如神，说得清清楚楚。

第八十一章，是《道德经》的最后一章，也是老子思想的最后总结，老子说："信言不美，美言不信。善者不辩，辩者不善。知者不博，博者不知。"这"信"与"美"，"善"与"辩"，"知"与"博"之间，究竟蕴含着怎样的人生道理呢？

《道德经》最后一章，九九八十一，第八十一章。这些数字对我们中国人来讲，都有特殊的意义。老子说：**信言不美，美言不信**。很真实很实在的话，听起来是不动人的；那种非常动听的话，不一定真实。我们现在总是鼓励人家说好话，有没有必要？大家也可以想一想，我们为了说好话，就不讲真话了；我们为了说好话，连实话也不说了。你要选听起来很动人，但是最后是空的，还是要选我们经常感觉到忠言逆耳的话？这是个人的命运，

曾仕强详解道德经：德经

因为命运就是一连串的选择所造成的结果。

老子接着说：**善者不辩，辩者不善**。真理永远是真的，你现在认为这个不对，那是你的事，跟我无关，用不着我来费这个精神。西方人有一句话，叫作真理越辩越明。大家可以看到，我们不是一个辩论的民族。孟子那么会说话的人，他只说，我难道是喜欢跟人家辩论吗？我难道是喜欢说话的人吗？我实实在在是不得已的。能不说就不说了，大家慢慢去体会。真理不是辩出来的，中国人不辩就好，越辩越乱。因为我们永远是公说公有理，婆说婆有理，怎么听都有道理，但是怎么听都不见得有道理。这是西方人无法了解的。所以全世界订条约，都不敢用中文订，因为它弹性太大，怎么解释都可以的话，是很麻烦的。世界上最严格的文字是法文，一点一滴都很讲究，差一点儿都不行。但是我们中国人要了解自己，中国人，中国字，中国话，都是弹性很大，应变力非常强的。在这种情况之下，你要学西方说我们来辩论，完全没有用。中国人同样一句话，有的人讲了大家都没有意见，有的人讲了大家都有意见。所以我们听到一句话，第一个反应就是谁说的，就是从这里来的。"善者不辩"，他不需要辩。"辩者不善"，常常要找理由辩解自己的行为，那这个人根本就是心虚。

知者不博，博者不知。真正了解道，真正明道，真正去行道的人，他不要什么都懂。老子告诉我们，知识越多的人经常良心越坏。大家看以前北京人多老实，酸梅汤就是酸梅汤，童叟无欺。现在不是了，现在酸梅汤根本就是自来水，里面可能连一颗酸梅都没有。因为他有知识了，不发挥知识怎么行，那要这种知识干什么？知识拿来害人，知识拿来骗自己，其实骗别人就是骗自己，骗别人的钱，就是骗自己的良心。"博者不知"，什么都

第三十七集

懂的人，可能常识也不够，很多人没有常识，只有知识而已，他根本没有道德。所以今天有知识的人几乎所缺的是常识，人情世故完全不懂；缺的是道德，所以他什么都敢做。

圣人不积。圣人不为自己积藏任何东西，他不要名，也不要利，他不多欲，不会说看到好的东西，都要拿回家去。**既以为人，己愈有；既以与人，己愈多**。你替别人做事情，是吃亏吗？没有，因为你得到了经验，而这经验是谁都抢不走的。所以我们今天常讲，你给我多少钱，我就做多少事，这完全是西方的观念，我们中国人不是。中国人是我多做事情，就多增加经验，这个经验才是我一辈子所得。我给别人越多，所得到的越多，这就是教学相长。比如你本来不太懂，教学生第一遍的时候，老实讲，自己也觉得懂得不多，第二遍、第三遍，慢慢越来越懂。这样大家就知道，为什么刚毕业的教师，工资不能太高，慢慢年资高了，就多一点，其实越教你自己越懂。

天之道，利而不害。天道为什么会生生不已，因为它永远对万物有利而无害。草，春天它就生了，草生的目的就是给牛羊吃的，所以草碰到牛羊吃它的时候，它没有抱怨，也没有说你给我钱，因为它不在乎，第二年春天，它又生出来了。是谁让它生的？老天让它生的，老天没有跟它收钱。现在会想到收钱的，世界上只有一个，就叫人。只有人会想到收钱，甚至现在开始收神佛的钱了。我弄两尊佛在这里，只要我说这是开光的，就有人拜，然后就拼命收钱，但神佛没有跟你收钱，这个账将来怎么算呢？大家好好去想一下。

人们总认为，老子的哲学就是"无为"，所以觉得道家的思想比较消极。然而，老子在《道德经》最后一句说："圣人之

曾仕强详解道德经：德经

道，为而不争。"老子为什么要用这八个字来结束《道德经》，我们又该如何正确地理解这八个字呢？

圣人之道，为而不争。为什么会为而不争？因为圣人仿效天道，天道只有奉献，没有争任何东西。圣人永远为大家服务，永远施多于取，他取只是取他生活的需求而已。那我们是不是每个人都当圣人？做不到，也不要苛求。可是我们要把他们当目标，因为一个人肚量大对自己有很大的好处。虽然说很多东西你觉得不理想，但是你很自在，这是金钱买不到的。老子最后才把这四个字彰显出来，叫作"为而不争"，他的意思就是很怕我们以为老子是无为的，所以他这里特别讲个"为"。

> 人一定要工作，而且要活到老做到老，退而不休，这才是圣人对我们的期待。
> ——《道德经》的智慧

人如果不做事，却还要吃饭，那就是饭桶。所以人一定要工作，而且要活到老做到老。退而不休，这才是圣人对我们的期待。但是老子为什么特别强调无为？就是不要违反自然的规律。你用不违反自然规律的心态，来有所为，来无不为，所以叫作无为而无不为。整个的中心思想就在这里，要有这样的一种表现，必须要有个前提，就是不争。你无所争的时候，就可以不违反天道，就可以尽力而为。一旦有争，第一，你就开始有利害关系，自然就会违反天道。第二，人家就不让你有所为，因为你要争名，你要争利，别人就不让你走这条路，你就受到很大限制，就不可能无不为。所以不争是个基础，不争就是说我不居功，不是我不做，而是我做了，我不居功，你们要抢功劳，就去抢吧，我无所谓。

其实一个人最有前途的，就是有人抢你的功劳，而那个人恰恰就是你的顶头上司。很多人以为，顶头上司最可恶了，专门抢我功劳，其实错了。你制造很多功劳，全部归给他，他升官了，就感到他下面是空的，因为他升职越快就越感觉到没有人做事，所以他第一个要求，就是把你提升上去，你一辈子只要有一个人一直拉你，就够了。所以老子所说的不争的意思，就是说你要尽量去做，但是不要争功劳。

《道德经》虽然在两千多年前就已经完成了，但是时至今日，每一句话还是都非常珍贵。真正把它用在日常生活上面，对整个人群社会有很大的好处。我们靠对人群社会无私的奉献，来提升自己的品德修养，这是最大的收获，其他的都不是我们所能控制的，不要多去想它。